기획부터 커튼콜까지, 교육 뮤지컬의 모든 것

뮤지컬 씨,
학교는
처음이시죠?

기획부터 커튼콜까지, 교육 뮤지컬의 모든 것

뮤지컬 씨,
학교는
처음이시죠?

발행일	2017년 11월 13일 초판 1쇄 발행
	2021년 06월 15일 초판 3쇄 발행
지은이	박찬수, 김준성
발행인	방득일
편 집	박현주, 허현정, 박선영, 문지영
디자인	강수경
마케팅	김지훈

발행처	맘에드림
주 소	서울시 도봉구 노해로 379 대성빌딩 902호
전 화	02-2269-0425
팩 스	02-2269-0426
e-mail	momdreampub@naver.com

ISBN 978-89-97206-61-2 03370

기획부터 커튼콜까지, 교육 뮤지컬의 모든 것

뮤지컬 씨,
학교는
처음이시죠?

박찬수·김준성 지음

맘에드림

가치 있는 즐거운 체험으로서의 교육 뮤지컬

박기수(한양대 문화콘텐츠학과 교수)

학교교육의 위기는 새삼스러울 것도 없는 이야기가 되었다. 무한 경쟁과 그로 인한 서열화, 그리고 서열화에 따른 일체의 차별을 당연한 것으로 받아들이는 분위기에서 교육의 실종은 어쩌면 자연스러운 현상일지도 모른다.

교육이 사라진 현장에서 학교교육이 온전할 리 없다. 더욱 심각한 것은 모두 학교교육의 위기를 이야기하면서 입시 제도 개선이나 선발 방식의 다변화 등에서 그 해결책을 찾는다는 것이다. 교육이 단지 입시를 위한 도구나 수단이 아니라면 그 위기의 해법 역시 그것 너머의 총체적인 시선을 전제해야 할 것이다. 이러한 맥락에서 본다면, 교육은 지금 이곳이라는 컨텍스트 위에서 왜, 무엇을, 어떻게, 언제 가르치고 배울 것이냐에 대한 보다 근본적인 질문에서 출발해야 한다.

답은 항상 현장에 있다. 교육도 크게 다르지 않다면 우리의 고민은 학교교육 현장에서 시작해야 한다. 최근 학교교육의 위기를 타개하기 위한 교육 현장에서의 다양한 시도와 노력이 반가운 이유다.

지금 이 순간에도 학교교육 현장에서는 시대적 요구에 부응하고자 교육의 정체성과 지향에 대한 근본적인 성찰과 교육 생태계를 종합적으로 고려한 해결 방안의 모색이 열정적인 선생님들의 노력으로 다양하게 시도되고 있다. 무엇을 위한 수단이 아니라 그 자체가 목적이 될 수 있고, 내일이 아니라 오늘의 시간도 충분히 복 될 수 있고, 교육 생태계의 구성원 모두 행복할 수 있는 교육의 중요성과 실천에 대한 고민은 아무리 강조해도 지나치지 않다.

최근 교육 일선에서의 이러한 노력 중에서 특히 두드러진 것이 초등학교의 교육 뮤지컬이다. 지도 교사들의 헌신적인 노력과 참여, 학생들의 뜨거운 열정이 어우러짐으로써 놀라운 성과를 일궈내고 있는 초등학교의 교육 뮤지컬은 단지 일회적이고 학예회식 공연에 머무는 것이 아니라 지속적이고 확장 가능한 가치 있는 즐거운 체험의 과정으로 자리매김하고 있다. 이들의 실천적인 성과는 단지 그들이 해외 공연을 다녀왔다거나 그 성과에 매스컴이 주목했다는 것에만 머물지 않고, 참여 학생들의 삶을 보다 풍요롭게 만듦으로써 학교교육의 위기를 어떻게 넘어서야 할 것인지에 대한 대안으로서도 크게 주목받고 있다.

그동안 각고의 노력으로 학교 뮤지컬을 개척한 박찬수 선생님과 김준성 선생님의 경험과 노하우는 이런 맥락에서 더욱 소중한 것이 아닐 수 없다. 현장에서 학생들을 지도하면서 얻은 값진 경험과 노하우의 가치는 아무리 강조해도 지나치지 않을 것이다. 당위적인 요구나 고답적인 이론이 아니라 현장에서 바로 적용하고 함께 고민할 수 있는 현재진행형의 살아 있는 지식을 아낌없이 고스란히 이 책에 담는다 하니 더욱 소중할 뿐이다.

이 책이 전하는 교육 뮤지컬을 통해 학생들이 더욱 행복해지고 현장의 잃어버린 활기가 되살아나길 희망한다. 아울러 더 많은 선생님들의 더 다양한 시도가 현장에서 이뤄짐으로써 가치 있는 즐거운 체험이 지속되길 소망한다.

교육 뮤지컬을 함께했던
학부모와 아이들의 이야기

한 움큼 내려앉은 가을을 보면서 이제 몇 달이 지나면 중학교에 가는 딸아이를 생각한다. 언제 저렇게 많이 컸는지! 뮤지컬을 하기 전에는 옷 하나를 입어도 엄마에게 해달라고 할 만큼 의존적인 아이였다.

하지만 뮤지컬을 하면서 아이는 독립적으로 바뀌기 시작했다. 무슨 일이든 계획을 세워 그것을 실천하려는 의지가 강해졌다. 용기가 생기고 일 처리가 분명해졌으며, 어려운 일이 있어도 걱정보다는 해결하려는 의지를 보이고 인내심 역시 커졌음을 실감한다. 어디 갈 때면 가방 챙기는 일부터 도와줘야 했던 아이가 맞는가 싶다. 또한 어렵고 부족한 친구를 보면 도와주려고 애쓰는 모습에 한 번 더 놀랐다. 다툼이 많았던 동생을 이제는 엄마보다 더 잘 챙기는 모습을 보며 '뮤지컬이 내 아이를 참 좋게 바꾸어놓았구나!' 하는 생각이 든다.

아이가 보여준 변화, 아마 세상 모든 부모가 바라는 모습이 아닐까 싶다. 아이 스스로 해나갈 수 있는 힘과 용기, 그리고 자존감을 선물해주신 선생님의 훌륭한 교육 방법에 감사드린다.

장부자(진부초등학교 안이수 학생 학부모)

춤과 노래는 좋아하지만 소심한 성격의 아이가 무대 위에서 당당하게 연기하는 모습을 보고 크게 감동받았다. 뮤지컬 대본을 친구들과 의논해 만들고 노래와 춤을 연습하면서, 타인에 대한 배려와 함께 공동체 속에서 자신의 목소리를 어떻게 내야 하는지 고민하며 성장하는 아이가 대견하다. 뮤지컬부 활동은 아이들에게 자신감, 자존감, 그리고 인성까지 기를 수 있는 좋은 기회다.

이수진(진부초등학교 최승혜 학생 학부모)

노래를 잘하지 못하지만 좋아하기 때문에 뮤지컬에 관심이 있긴 했다. 막상 뮤지컬 수업을 시작하니 점점 주인공 욕심이 났다. 하지만 발성이 잘 되지 않고 노래도 잘 부르지 못해 처음엔 조연을 맡았다. 계속 연습하다 보니 선생님께서 내 목소리가 예쁘다고 하셨다. 기분이 좋아져서 연습을 더했다. 그러다 보니 필리핀 공연에서는 주인공인 '공주' 역을 맡기도 했다.

나는 학교 가는 것을 싫어하던 아이였다. 그런데 뮤지컬부에 들어오고 나서 학교에 가는 것이 좋아졌다. 학교가 끝나면 친구들이 랑 같이 노래 연습도 하고 대본도 읽으면서, 친하지 않았던 친구들과도 가까워질 수 있었다.

김다은(교동초등학교)

함께 대본을 쓰며 하나의 이야기를 만들고 그 대본을 보며 연습하는 동안 친구들, 언니, 오빠들과 빠르게 친해질 수 있었다. 또한 노래와 연기 연습도 해볼 수 있었던, 힘들지만 재미있는 경험이었다. 무대에서 대사 실수나 사고도 있었지만 무사히 잘 넘겼다.

평일에 학교 끝나고 나면 대부분의 친구들이 학원에 가서 같이 놀거나 무엇을 함께할 시간이 없었는데 뮤지컬 연습 덕분에 함께 있을 시간이 늘어나 좋았다. 그리고 뮤지컬 활동을 통해 자신감도 기르고, 지금까지 경험하지 못한 것들을 배운 것 같다.

곽가림(교동초등학교)

매번 공연 때마다 떨리는 순간이 있다. 그것은 바로 핀마이크 차는 사람을 정하는 순간이다. 그때는 진짜 '내가 되고 싶다'라고 빌면서 이름이 불리기만을 기다린다. 모든 사람의 시선이 나에게 집중이 될 때 너무 떨려서 노래도 잘 안 나오지만 연습하고 무대에 서면서 많이 좋아졌다.

김은빈(교동초등학교)

뮤지컬부에 음향 스태프로 들어갔을 때만 해도 '음악 트는 것이 별것 아니겠지'라고 생각했다. 하지만 음향은 정말 중요한 역할을 하는 것 같다. 첫 공연을 했을 때 나는 비록 배우가 아니었지만 정말 긴장을 많이 했다. 떨리고 긴장되는 상황에서 공연의 마지막 음악을 틀었을 때 정말 뿌듯했다.

노혜정(교동초등학교)

나는 원래 내성적이어서 부끄럼도 많이 타고 낯도 잘 가린다. 사람들 앞에 서는 것에 대한 부담을 정말 많이 가졌고, 수업 시간에도 발표시키면 대답하지 못하고 우물쭈물 서 있을 때가 많았다. 이런 내가 무대에 선다는 것은 상상도 못할 일이었다. 하지만 뮤지컬을 하게 되면서 적극적인 내 모습을 발견해 뿌듯하다. 공연을 한다는 것이 자랑스럽고 사람들의 환호를 받으면서 공연할 수 있어서 참 좋다.

지은경(교동초등학교)

올해는 선생님과 함께 뮤지컬에 도전했다. 영화 〈마틸다〉도 보고 책을 읽은 후 토론하고 연극 놀이도 해보았다. 친구들, 선생님과 함께 토론한 결과 영어로 공연도 하기로 했다.

처음에는 영어로 노래를 부르고 춤을 익히는 것이 힘들게 느껴졌다. 하지만 계속하니 춤도 재미있고, 영어 노래도 익숙해져서 신기했다. 이제는 뮤지컬 하는 시간이 더욱 기다려진다. 더 신나게 공연하고 싶다.

차민구(용남초등학교)

선생님을 만나 처음으로 뮤지컬을 하게 되었다. 남들 앞에서 노래하고 연기하는 게 부끄러웠지만 연습할수록 자신감과 용기를 가지게 되었다. 13년을 살면서 뮤지컬을 보기만 했지 한 번도 해보지 않았는데 공연할 기회가 생겨서 정말 좋았다.

차다은(용남초등학교)

난 원래 소심한 성격이었다. 친구들 앞에서 노래한다거나 춤을 춘다는 게 참 쑥스러웠다. 하지만 선생님을 만나 1년간 뮤지컬을 배우며 공연까지 해보니 노래하고 춤추는 게 전혀 낯설지 않게 되었다. 그리고 무엇이든 할 수 있다는 자신감을 많이 얻은 것 같다.

김지우(용남초등학교)

우연히 뮤지컬단에 입단하고 연습하며 몇 번의 공연들을 마치고 나서 나의 생각과 삶은 완전히 달라졌다. 단순한 손동작, 사소한 소품들, 의상의 작은 부분 하나까지도 무대 위에선 큰 의미를 가진다는 것을 깨달았고, 더 잘하기 위해 선생님들께 이것저것 물어보며 노력했다.

이전보다 나은 무대를 만들어가며 스스로 만족할 만한 공연을 펼쳤을 때에는 정말 짜릿해서 말로 표현하지 못할 정도였다. 좋은 무대를 만들기 위한 나의 노력들이 나를 한층 더 성장시켜주었고, 내가 진심으로 좋아하고 열심히 할 수 있는 것은 무엇인지 깊이 생각해보기도 했다. 여전히 꿈꾸고 고민하는 청춘이지만, 학창 시절의 소중한 경험들을 살려 뮤지컬을 향한 나의 꿈을 향해 끊임없이 도전하는 삶을 살아갈 것이다.

유세진(통영고등학교)

뮤지컬은 학생과 교사 모두에게
최고의 교육이다

최근 대두되고 있는 '4차 산업혁명 시대에 맞는 교육이란 무엇인가?'를 고민해오던 일선 학교 현장에 교육 뮤지컬 도입이 확산되는 추세이다. 기존의 획일적이고 경쟁 중심의 교육 방식에 변화가 필요한 시점이 되었고, 그중 교육 뮤지컬이 학교 안으로 들어오고 있다는 것은 반가운 현상이라 할 수 있다.

교육 뮤지컬은 기존의 교과목 중심의 교육에서 벗어나 학생들이 자발적으로 참여해 개개인의 소질과 잠재력을 계발·신장하고, 자율적인 생활 자세를 기를 수 있게 한다. 더 나아가 타인에 대한 이해를 바탕으로 나눔과 배려를 실천하고, 공동체 의식을 함양할 수 있어 인성교육 효과로까지 이어진다. 이렇듯 교육 뮤지컬은 참여하는 학생과 교사 모두에게 자신의 가치를 느끼게 하며 '배우는' 뿌듯함을 준다. 함께 뮤지컬을 제작하고 연습하면서 행복함과 소중함을 느낄 수 있는 더없이 훌륭한 교육인 것이다.

뮤지컬을 연습하면서 학생들은 다른 사람들과 끊임없이 소통하고, 목표를 설정하며, 상호작용을 한다. 그 과정에서 교사는 학생들을 이해하게 되는데 여기에서 자기 성찰이 이뤄진다. 문화예술교육을 하는 대부분의 교사들이 느끼겠지만 아이들이 교사보다 훨씬 더 적극적으로 활동하기 때문이다.

꾸준히 준비해 만족할 만한 공연을 하고 나면 아이들은 물론 교사의 자존감도 커진다. 교사가 자존감을 갖기 시작하면 교사 스스로 큰 변화를 느낄 것이다. 즉, 교육 뮤지컬은 학생들에게 인성, 진로, 협동 학습 등 다양한 교육적 효과를 주기도 하지만 교사에게도 자기 성찰을 할 수 있는 기회를 준다. 뮤지컬이 모두에게 최고의 교육이 되는 순간이다.

필자의 경험상 교사가 전문적인 기능을 익혀 뮤지컬을 지도하는 일은 매우 어렵다. 수십 명의 스태프가 투입되는 뮤지컬을 교사 혼자 진행한다는 것은 사실상 불가능에 가깝다. 처음 교육 뮤지컬 제작을 시도하는 교사라면, 혼자 고민하지 말고 학생을 비롯해 주변의 예술인들과 함께 고민하고 만들어가라고 조언하고 싶다.

《뮤지컬 씨, 학교는 처음이시죠?》는 학교 현장에서 학생들과 함께 교육 뮤지컬을 만든 두 교사의 이야기와 노하우를 담은 책이다. 처음 학생들과 교육 뮤지컬을 시작하는 독자를 위해 공연을 올리기까지의 과정에 대한 이야기를 풀어나갔다.

문화예술교육의 특성상 이 책의 내용이 교육 뮤지컬에 있어 정형화된 교과서나 지침서가 될 수는 없다. 하지만 교육 뮤지컬 운영에 있어 도움을 줄 수 있는 조언자가 되고자 한다. 더불어 필자가 만났던 수많은 아이들에게, 그 아이들이 보여줬던 열정과 도전 정신에 고마움을 전한다.

박찬수

차례

1장

교육 뮤지컬을 만들기로 결심했다면

2장

함께 뮤지컬 할 사람 모여라!

5장

공연 전 막바지 준비하기

'교육 뮤지컬'이란 무엇인가?

이 책에서 '교육 뮤지컬'의 개념을 이야기하면서 다음과 같은 입장을 밝힌다.

첫째, 교육 뮤지컬을 만드는 과정은 공연에 참여하는 주체에 따라 크게 다르고, 그 방법 또한 천차만별이다. 매해 만나는 학생들에 따라 각기 다른 방법으로 공연을 만들어야 하고, 답이라고 믿었던 방법이 허물어지는 경험을 매년 겪는다. 따라서 공연을 만드는 순서와 방법 등을 단순하게 나열하는 것은 교육 뮤지컬에서 큰 의미가 없다. 두 저자의 예시를 제시할 때에도 또 다른 다양한 방법과 과정이 있음을 전제한다.

둘째, '현직 교사가 공연 제작의 방법이나 과정 같은 전문 분야에 대해 논하는 것은 전문성이 떨어지지 않는가?' 하는 지적을 받을 수 있다. 다른 교사들에 비해 뮤지컬 만들기를 아무리 오랫동안 해온 저자일지라도 공연 예술 전공자의 고유 영역은 침범할 수 없을 것이다. 그것은 공연 예술 전문가가 교육의 영역에 대해 논할 때에도 마찬가지이다. 따라서 보통의 뮤지컬 제작 과정과 방법에 대해 논하기보다는 교사가 교육 현장에서 어떻게 교육 뮤지컬을 해석하고 풀어내는가와 같이 두 저자의 주관적인 관점과 경험을 주로 소개할 것이다.

연극과 뮤지컬, 이렇게 다르다

연극의 역사는 인간의 역사와 같이 한다. 인간은 연극이라는 행위를 통해 의사소통하고 유희하며 전승하고 발전해왔다. 따라서 연극의 개념을 이야기하는 것은 모든 예술 장르의 구분과 개념을 관통한다 할 수 있을 것이다. 이러한 관점에서 보면 뮤지컬은 연극의 하위 갈래로 구분할 수 있을 것이다. 하지만 연극을 극예술의 모태로서 광의로 해석하지 않고 뮤지컬이 등장한 후의 현대의 다른 여러 장르와 비교하여 보다 명확하고 협소하게 바라본다면, 20세기 초반 미국의 쇼 문화를 중심으로 발전하여 유럽의 장구한 문화를 다양한 양식으로 반영한 '뮤지컬' 장르의 특징을 다음과 같이 간추려볼 수 있다.

첫째, 플롯을 진행시킬 때에 음악이 가지는 위상과 주된 기능이 기존의 연극과는 차별성을 띤다. 음악이 연극의 분위기를 형성하는 작은 도구로써 기능할 뿐만 아니라 플롯을 힘 있게 진행해나가는 주된 기능을 한다는 점이다. 이는 르네상스 이후 발전한 오페라의 기본 양식을 따르는 것이고, 중세시대 이전 그리스의 디오니소스 극장에서 행해지던 고대인의 연극과 맥을 같이한다.

둘째, 뮤지컬 작품을 구성하는 노래들은 다양한 목적과 양식을 가지고 있다는 점이다. 서곡, 오프닝넘버, 프로덕션 넘버 등 각각의 기능과 개성이 다른 노래들이 적절한 타이밍에 따라 대본을 구성하고 있다. 넘버 구성은 반드시 모든 뮤지컬에서 일괄적으로 적용되는 것은 아니지만 크게 다르지 않은 범위에서 뮤지컬의 양식으로 통용되고 있다.

뮤지컬 창작을 처음 접하는 교사가 갖는 가장 큰 어려움 중의 하나는 바로 음악 선정 및 구성이다. 앞에서 대사를 통해 충분히 의미를 전달했음에도 불구하고 노래가 시작되는 시점(song moment) 이후의 가사와 안무 등이 앞 대사의 내용과 중복된다거나 비슷한 기능을 하는 넘버가 심하게 겹치는 경우가 있기 때문이다. 그러다 보니 학교 뮤지컬 공연 중 흔히 말하는 자기소개 형식의 노래로 뮤지컬 앞부분에 캐릭터를 소개하는 '아이 엠 송(I am song)'이나 극중에서 캐릭터가 결심하고 변화하는 것을 다짐하는 '다짐송'만으로 이루어진 작품도 종종 보고는 한다.

뮤지컬에서 캐릭터나 상황을 강조하는 특별한 경우가 아닌 이상 노래가 시작되는 시점과 끝나는 시점을 비교했을 때에, 노래를 통해 플롯이 진행되고 변화가 존재하며 사건이 발생해야 한다. 또한 다양한 종류의 넘버를 적절히 구성했을 때에 관객으로 하여금 '뮤지컬답다'는 느낌을 줄 수 있다.

교육 뮤지컬과 뮤지컬의 차이

뮤지컬의 원류는 오페라에서 시작되었으며 오페라테를 거쳐 지금의 뮤지컬로 발전되었다. 뮤지컬은 시대에 따른 대중의 선호와 선택에 의해 공연의 내용과 방법이 결정되며, 관객의 유치와 지속 가능한 공연을 위해 공연 기획자와 제작자, 배우와 스태프(staff), 창작자 등 수많은 인력이 매우 짜임새 있고 효율적으로 협업하는 예술적 과정이다. 또한 연출가가 배우와 무대를 통해 관객에게 무엇을 말하고자 하는가에 따라 모든 것이 결정되므로 '관객'이 뮤지컬의 종착점에서 매우 중요한 위지를 차지한다.

하지만 교육 뮤지컬은 뮤지컬과는 근본적으로 지향점이 다르다. 우리가 교육 현장에서 만나는 아이들은 하나의 결과물을 표현하기 위한 수단이 될 수 없다. 또한 교육의 주된 목적이 누군가에게 보여주기 위한 행위가 되어서는 안 된다. 교육이 이루어지는 매 순간이 결과이고 목표인 것이다. 따라서 교육 뮤지컬에서 교육은 목적이고, 뮤지컬은 방법론에 해당하며, 그 과정과 방향은 배우이자 학생인 아이들을 향해야 한다.

반면 교육 뮤지컬에서 '교육'에만 집중한 나머지 뮤지컬이라는 공연 예술 양식을 간과하는 경우도 있다. 하지만 방법과 지향점이 다르다고 하더라도 뮤지컬 공연을 전제로 하는 교육 과정이라면 공연 예술의 기본 형태와 양식의 테두리에서 이루어질 필요가 있다.

학교의 학예회나 축제에서 발표하는 공연일지라도 관객이나 학교에서 요구하는 비용 등에 따라 공연 시간과 내용이 조금씩 달라질 수는 있지만, 지도 교사와 학생은 그것이 엄연히 공연 예술임을 기억해야 한다. 자신들이 무대 위에서 하는 행위에 대해 스스로 자부심을 가지고 당위성을 설명할 수 있어야 하는 것이다. 과정에만 집중한 나머지 마지막 공연을 소홀히 할 경우 그 공연은 성패 여부를 떠나서 과정 자체가 힘을 잃는다. 모든 방법과 과정이 학생의 교육에 초점이 맞추어져 있더라도 교육 콘텐츠 안에서 교사와 학생이 공연이라는 목표점을 향에 함께 나아갈 때에 과정 전체가 빛을 발할 수 있다.

교육 연극과 교육 뮤지컬의 차이

교육 현장에서 교육 연극과 교육 뮤지컬을 구분하는 것은 우리나라에서 연극과 뮤지컬의 차이를 논하는 일처럼 모호해질 수도 있다. 그럼에도 불구하고 교육 연극과 교육 뮤지컬의 차이를 이야기하고자 한다. 교육 뮤지컬을 실천할 때 창작과 연습 과정에서 교육 방법론적으로 기존과는 '다른' 방법으로 접근하고 시도하기를 바라기 때문이다.

노래를 통해 서사를 진행하는 뮤지컬은 넘버들의 짜임새 있는 구성을 통해 주제를 전달한다. 따라서 교육 뮤지컬에서도 스토리텔링의 단계에서 창작자(학생이나 지도 교사)가 시나 노랫말을 통해 이야기를 풀어나갈 수 있도록 접근하는 것이 좋다. 여건상 작곡이 어려운 경우에는 기존의 유명한 뮤지컬에서 쓰인 노래, 팝송 등을 개사하는 방법을 쓸 수도 있다.

주제를 표현하고자 하는 움직임을 구성할 때에도 주제 의식과 배우의 특성뿐만 아니라 작곡되거나 선정된 곡의 분위기와 흐름에 적합한 움직임으로 구성해야 한다. 연습 과정에서는 이미 창작한 곡이나 안무에 위배되지 않도록 매우 세밀한 작업을 거쳐야 한다. 공연을 할 때에도 이에 대한 안배가 있어야 한다는 점에서 교육 연극과는 다른 특성을 지닌다고 볼 수 있다.

필자는 이 책 속에 지도 교사가 학생들과 함께 뮤지컬 희곡을 창작해 공연한다는 것을 전제로 실제 교육 뮤지컬 제작 과정을 담았다. 다음 표는 학생들과 뮤지컬 제작 활동을 하면서 준비하고 생각해야 할 시기를 대략적으로 경험을 토대로 작성한 것이다. 학교마다 교육 뮤지컬 제작 환경과 목적이 상이하기 때문에 모든 학교에서 일반화될 수는 없겠지만, 학교 현장에서 뮤지컬 활동을 처음 시작하려는 지도 교사에게는 참고가 될 수 있을 것이다.

[표 1] 기간별 뮤지컬 제작 활동

	학생 모집 전	학생 모집 후	3달 전	2달 전	45일전	1달 전	3주 전	2주 전	1주 전	3일 전	2일 전	1일 전	공연
발성		■	■	■	■	■	■	■	■	■	■	■	
발음		■											
감정 표현		■											
무대 행동 기초		■											
대본 만들기	■	■											
대본 읽기		■											
대본 수정		■											
캐스팅													
대사 연습			■	■									
행동선 긋기			■	■	■	■	■	■					
작곡(곡 선정)			■	■									
가사 만들기			■	■									
안무 만들기			■	■	■								
노래, 안무 연습			■	■	■	■	■	■	■				
소품 완성												■	
의상 완성												■	
공연 장소 섭외	■	■	■										
음원 완성									■				
조명 완성											■		
무대 구성								■					
팸플릿 제작								■					
홍보								■	■	■	■	■	■
핀마이크			■	■									■
분장												■	■
총연습										■	■		
리허설											■		

1장

교육 뮤지컬을

만들기로 결심했다면

워밍업, 무엇부터 준비해야 할까?

우선 뮤지컬의 영역에 관심을 가져야 한다. 대부분의 학교 교사는 공연에 관한 전문 지식이 없기 때문에 뮤지컬에 대한 기본 소양을 쌓기 위해 관련 서적을 읽거나 연수에 참여하는 등 다양하게 공부할 필요가 있다.

가장 효율적인 방법은 바로 뮤지컬 공연 관람이다. 다양한 작품 관람을 통해 작품 구성, 공연 제작 등의 방법과 과정을 벤치마킹하거나 창작에 대한 영감을 얻을 수 있다. 만약 학생과 함께 공연을 관람할 수 있다면 더할 나위 없이 좋은 경험이 될 것이다. 학생은 관람한 뮤지컬 작품에 대해 교사와 함께 이야기함으로써 공연을 해석하고 분석하는 방법을 배울 수 있다. 더 나아가 뮤지컬 작품을 어떻게 만들어갈 것인지 결정하는 데 매우 중요한 기본 자료가 된다.

다만 이러한 기회가 흔치 않으므로 되도록 앞으로 공연할 작품과 비슷한 형식이나 주제의 작품을 관람하는 것이 효율적이다. 공연을 관람할 여건이 안 된다면 다양한 멀티미디어 자료를 활용하면 된다.

뮤지컬에 대한 기본 지식을 쌓았다면 다음으로 고민해야 할 중요한 사항은 공연 연출의 권한과 역할 설정에 관한 문제이다. 뮤지컬은 공연 예술의 한 장르이고, 공연은 예술가가 자신의 생각과 의도를 관객에게 표현하는 주관적이고도 민감한 예술적 양식이다. 많은 사람이 의사소통하며 협업해야 하는 뮤지컬에서는 더욱더 일관되고 효율적인 시스템을 구축하고 역할과 권한을 분명히 할 필요가 있다.

그 첫 단계가 바로 연출가를 선정하는 것이다. 예산 상황, 기획 및 표현 의도 등을 면밀히 고려해 연출을 지도 교사 스스로 할 것인지, 또는 외부 강사나 학생에게 맡길 것인지를 선택해야 한다. 누가 연출하든 그에 따른 권한과 책임을 명확하게 정하고, 연출가와 학생이 마음껏 상상하고 꿈꿀 수 있도록 조직과 프로그램을 구성하는 것이 좋다.

기획에 대한 고민은 솔직할수록 좋다

학교에서 이루어지는 뮤지컬 연습 및 공연 제작은 대부분 제약을 가진다. 예산, 지도 인력, 학생 구성, 연습 및 공연 시간과 장소, 지도 강사의 지도력, 학교 구성원 간의 네트워크에 이르기까지 제약의 종류는 다양하다.

교육 뮤지컬에 처음 도전하는 학교나 교사는 이런 제약들을 동시에 겪는 경우가 많다. 특히 학교의 경우 특성화 교육이나 학교 살리기 사업의 일환으로 교육 뮤지컬을 시행하곤 하는데, 목적 예산 등으로 예산은 확보된 반면 열정을 가지고 집중해서 업무를 처리하거나 나름의 경험과 전문성을 가지고 학생들을 지도할 인력을 구하는데 어려움을 겪는 경우가 비일비재하다. 또한 학교 구성원들의 동의나 이해를 충분히 끌어내지 못한 경우 차후 의사소통에 문제가 생기게 되면 학교 안팎의 인사들로 구성되는 뮤지컬 교육 네트워크 전체가 흔들리기도 한다.

교사가 주도적으로 본인이 맡은 학급의 학생들을 대상으로 교육 뮤지컬을 실시하거나 공연을 제작할 때에도 문제는 발생할 수 있다. 표면적으로 드러나는 가장 큰 문제는 예산이다. 연습을 위한 강사비나 간식비, 희곡이나 음원 등의 공연 창작비, 무대 디자인이나 소품 제작 등의 공연 제작비, 음향이나 조명, 공연장 등의 대여 비용 등 뮤지컬을 교육하고 공연을 제작하는 데에는 단위 학급 교사의 힘만으로 해내기 어려운 비용 문제가 다양하다.

하지만 예산의 문제를 더 깊이 들여다보면 단순히 돈의 문제가 아닌 경우가 많다. 교사가 학예회나 축제 담당자와 의견이 다르거나 공연 예술의 가치에 대한 시각이 관리자와 다른 경우, 동학년이나 학년군 동료 교사들, 연구 및 교무부장 등과 의견이 다른 경우 예산 지원에 대한 합의가 잘 이루어지지 않을 뿐만 아니라 연습이나 공연 시간, 공연 순서 등의 세부적인 면에서도 담당자는 매번 크고 작은 장애물을 만나게 될 것이다. 이러한 일이 반복되면 단위 학급의 교사는 교육 뮤지컬 진행 과정이나 공연 제작에 대한 열정을 잃거나 아예 시작조차 하지 않기도 한다.

사실 이러한 제약들은 교육 현장뿐만 아니라 전문 공연 제작 현장에서도 흔히 일어나는 일이다. 자본 의존적이고, 융합적이며, 수많은 구성원의 협의를 이끌어내야 하는 복합 예술 장르인 뮤지컬은 창작부터 제작, 홍보와 공연에 이르기까지 수많은 고민거리를 안고 있다. 더군다나 공연 예술에 대한 시각과 견해의 차이가 매우 큰 교육 현장에서는 말할 것도 없다. 하지만 수많은 제약을 하나씩 극복하는 과정에서 교육 뮤지컬 과정은 보다 교육적인 가치를 드러내고, 더욱 멋진 공연으로 보답하기도 한다.

교사가 자발적으로 교육 뮤지컬을 실행할 때에도 이처럼 많은 제약이 따르지만 오히려 하향식 의사 결정으로 교육 뮤지컬 사업을 시행하는 경우에 비해 보다 쉽게 문제가 풀릴 수도 있다. 다음의 예를 살펴보자.

- 음원 창작할 비용이 없어 아이들과 간단하게 기타를 치며 쉬운 코드로 흥얼거리다가 함께 뮤지컬 넘버를 작곡하기까지 한 경우
- 음악 비전공자인 선생님이 공연 제작을 맡아 고민하던 중 주크박스 뮤지컬♪을 만들기로 하고 선곡부터 개사까지 모두 아이들의 의견을 적극적으로 반영했더니 아이들의 열정과 자발적 참여를 이끌어낸 경우
- 무대 배경이나 소품을 제작할 비용이 없어 미술을 비롯한 다양한 교과를 융합한 교육 과정을 설계해 직접 아이들과 배경막을 그리고 소품을 제작해 공연에 올렸더니 아이들에게 어울리는 멋진 무대가 만들어져 호평을 받은 경우
- 추가로 전문 인력을 구할 예산이 없어 고민하던 중 기존의 경험이 많은 예술 강사, 방과 후 학교 강사, 학교 업무 담당자가 협업해 학교와 학생들의 실정과 수준에 맞는 뮤지컬 작품을 공연하고, 이후에도 계속 작품 활동을 이어나갈 튼

....
♪ 주크박스 뮤지컬은 유행했던 대중음악을 활용해 만든 뮤지컬이다. 아바의 노래들로 꾸려진 〈맘마미아〉가 가장 성공했으며, 우리나라에서도 김광석의 노래를 뮤지컬로 제작한 작품이 여럿 등장했다.

튼한 파트너십을 형성한 경우
- 희곡에 대한 전문성이 부족하고 외부 작품 사용권을 지불할 만한 여유도 없어 아이들의 글과 말에 집중하게 되었고, 화려하지는 않지만 진정성 있는 공연으로 학교 구성원들의 기립 박수를 받은 경우
- 지도 교사가 혼자의 힘으로 해낼 자신이 없어 주변의 교사나 예술가들에게 도움을 요청했고, 공동 작품 창작 및 제작 활동을 통해 서로의 전문성을 확인하고 마침내 전문적 예술교육 공동체를 형성하게 된 경우

앞의 예들은 모두 필자가 직접 경험했거나 주변에서 교육 뮤지컬을 통해 성장하는 동료들을 보며 얻은 소중한 사례들이다. 물론 좌절하고 실패하며, 소비되고 고갈된 때도 수없이 많았지만 그러한 아픔들은 오히려 고민하고 사고할 기회를 주었다. 주변에 도움을 요청하고 소통하게 된 계기가 되었으며, 나의 한계를 끊임없이 확인하고 더 공부하게 된 촉매제가 되었다.

그렇다면 수많은 제약을 오히려 강점으로 만들고, 보다 효과적으로 교육 뮤지컬을 실행할 수 있는 방법이나 과정은 없을까? 이에 대한 답은 바로 '기획' 과정에서 얼마나 솔직하게 다음 페이지의 물음들에 답했고, 그에 대해 얼마나 적절한 조치를 했는가에 달려 있다. 기획 과정에서 필요한 질문들을 다음의 체크 리스트로 확인해보자. 먼저 고려해야 할 순서대로 정리해보았다.

☆✲ **교육 뮤지컬 기획 단계 체크 리스트**

☑ 공연을 전제로 하는가?

☑ 콘텐츠를 창작할 것인가?

☑ 작품 창작, 연습, 공연에 대한 예산이 얼마나 확보되어 있는가?

☑ 지도 교사(팀)가 담당할 수 있는 범위와 수준은 어느 정도인가?

☑ 공연 규모(학생 구성)는 어떻게 할 것인가?

☑ 창작과 연습, 공연에 이르는 일련의 과정이 교육적인가?

① 공연을 전제로 하는가?

이 물음은 지도 계획 전체의 방향을 결정할 중요한 질문이다. 공연을 전제로 하는 연습 과정과 그렇지 않는 과정은 매우 다르기 때문이다. 공연을 전제로 하지 않을 때에는 놀이나 친화, 창의성과 도전 정신 등의 단어에 어울리는 과정을 설계할 수 있다. 하지만 공연을 전제로 하는 과정은 창작과 연습, 발성과 움직임, 홍보와 공연 등의 키워드에 보다 초점을 맞춰야 한다.

이에 대한 구성원의 사전 지식이나 경험이 없는 경우 공연하기로 했다가 쉽게 취소하거나, 공연을 전제로 하지 않았는데 어떠한 이유로 공연 일정을 예상치 못하게 잡는 경우가 생길 수 있다. 두 경우 모두 자칫 교육 뮤지컬 공동체를 와해하거나 교육 행위의 가치를 떨어뜨릴 수 있는 행동이다.

공연을 전제로 하든 전제로 하지 않든, 교육 뮤지컬의 과정은 교육적이어야 하고, 교육적일 수밖에 없다. 공연을 전제로 하지 않는 경우에는 학생들과 함께 드라마 만들기 활동, 다양한 교육 놀이 활동, 나아가 뮤지컬 넘버 창작 활동 등을 하며 놀이와 참여, 자발성 위주의 수업을 마음껏 진행할 수 있기 때문에 교육적이다. 공연을 전제로 할 때에는 공연 준비 과정에서 함께 의견을 조율하고 약속을 지키며, 구성원들 간의 끊임없는 의사소통을 통해 새로운 시도를 하고 반성하며 사회적 협상의 과정을 자연스럽게 거치기 때문에 교육적이다.

특히 후자의 경우 연습 과정에서 의견 불일치나 반복되는 연습으로 인한 고통 때문에 그 과정에 의문을 가질 수도 있다. 하지만 모든 공연은 공연 전 3일 안에 만들어진다는 말이 있을 정도로 공연 예술은 공연 전과 후가 다른 법이다. 공연 준비 과정에서 드러나지 않았던 구성원들의 성장이 공연을 통해, 또는 공연 이후의 활동들을 통해 드러나기도 한다. 때문에 공연을 준비하는 모든 과정은 공연 전까지 함부로 평가할 수 없다.

② 콘텐츠를 창작할 것인가?

공연 콘텐츠를 직접 창작할 것인지, 기존의 콘텐츠를 활용할 것인지에 따라 지도 과정이 크게 달라진다. 공연 콘텐츠를 직접 창작할 경우 지도 과정 중 '창작'의 과정이 매우 큰 비중을 차지하기 때문이다. 단순하게 창작 여부를 결정하는 것도 중요하지만, 세부적으로 창작의 범위와 단계를 고민하는 일도 필요하다.

희곡을 새롭게 창작할 것인지 기존의 작품을 각색할 것인지, 음악을 직접 작곡할 것인지 기존의 가요나 뮤지컬 넘버를 활용할 것인지, 기존의 곡을 활용한다면 개사를 어느 범위까지 할 것인지에 따라 세부적인 지도 계획이 달라진다. 또한 기존의 작품을 활용할 경우 저작물 활용에 따른 저작권 문제도 확실하게 해결할 필요가 있다.

③ 작품 창작, 연습, 공연에 대한 예산이 얼마나 확보되어 있는가?

예산 문제는 다른 문제에 비해 가장 명확하고 깔끔하다. 먼저 확실히 해두어야 할 것은 예산이 '얼마' 확보되어 있느냐가 아니라 예산을 앞으로 얼마나 '더' 확보할 수 있는가이다.

이는 교육 공동체 구성원 간의 합의 정도에 따라 결정된다. 구성원 간의 의미 있는 토론을 통해 이 부분을 명확히 결정한다면, 주어진 예산을 가지고 우선순위를 정해 선택하면 된다.

공연장을 섭외할 수 없다면 학교 내부 시설이나 교실을 이용하

자. 음향이나 조명 업체를 섭외할 수 없다면 공연장 내부의 시설을 이용하거나 운용할 인력을 섭외할 수 있다. 무대 배경막 등의 대도구를 구할 수 없다면 프로젝터나 공연장이 자체 보유하고 있는 막을 이용해 연출할 수 있다. 소품이나 의상이 부족할 경우 공연 내용을 조정하거나 수업 중에 제작할 수도 있다. 미술이나 영상 등의 제작 관련 강좌와 연계해 함께 한 편의 작품을 제작하는 것도 매우 의미 있는 일이다.

이처럼 예산은 어찌 보면 의지의 문제이고, 공연을 바라보는 시각의 문제이며, 구성원 간 합의 정도의 문제인 경우가 많다. 따라서 담당자나 지도 교사가 주변의 여건을 냉정하게 판단하고 선택할 수 있는 선택지를 인식한 후 가능한 범위 내에서 선택하면 된다.

간혹 이러한 선택의 과정에 지도 교사나 담당자가 참여하지 못하고, 의사 결정이 이루어진 후에 일을 진행해야 할 때도 있다. 예산을 지원해주지 않는데 예산이 필요한 공연 수준을 요구하는 것은 지도 교사나 담당자, 창작자나 공연자에게 매우 부담되는 일이다. 따라서 공연의 내용과 예산 편성, 공연 기획 및 실행에 대한 권한을 내부에서 직접 실천할 구성원들에게 부여하는 것이 무엇보다 중요하다.

④ 지도 교사(팀)가 담당할 수 있는 범위와 수준은 어느 정도인가?

선생님은 기본적으로 가르치는 전문가이다. 예술 강사는 본인의 예술 분야에 대한 전문성을 전제로 한다. 따라서 교육 뮤지컬에서 지도 교사 개인이 담당할 수 있는 부분은 어느 정도인가를 생각해 볼 수 있다. 물론 교육에서 선생님이 힘을 빼고 아이들의 말과 행동에 집중했을 때 아이들과의 상호작용을 통해 부족한 부분이 채워지는 멋진 경험을 할 수도 있다. 이 경우 외부의 사람들과 팀을 구성할 것도 없이 학생들이 직접 공연 전문 분야의 팀원이 되어 지도 교사와 파트너십을 발휘할 수 있다.

물론 추가적인 전문가 충원이 가능하다면 더 기쁜 일이 될 것이다. 훌륭한 뮤지컬 연출가는 팀원들을 이해하고, 가치를 인정하며, 그들이 가능성을 최대로 발휘할 수 있도록 만들어주는 지휘자와 같다. 외부 전문가와 팀을 이루든 학생들과 팀을 이루든, 구성원과의 의사소통이 중요한 것은 틀림없다. 따라서 지도 교사는 자신과 학생들이 발휘하고 담당할 수 있는 능력을 파악하고, 부족함이 보인다면 이를 채울 수 있도록 주변 사람들과의 의사소통을 즐겨야 할 것이다.

⑤ 공연 규모(학생 구성)는 어떻게 할 것인가?

만약 공연을 전제로 한다면 어디에서, 어느 정도의 규모로 할 것인가를 미리 고민할 필요가 있다. 공연 규모는 보통 참여하는 배우의 수나 가용한 예산의 범위로 결정하기도 하고, 공연장의 크기로 표현하기도 한다. 공연장은 학교 운동장이나 광장과 같은 열린 무대를 활용할 것인가, 학교 강당이나 시민회관, 전문 공연장 등과 같은 닫힌 무대(프로시니엄 극장, 블랙박스 극장 등)를 활용할 것인가를 고민해야 한다.

교육 뮤지컬에서 이러한 공연의 규모를 결정하는 데 가장 중요한 요인은 참여하는 학생의 수이다. 오디션 과정에서 이미 배역의 수를 결정해 참여하는 학생 수를 사전에 맞춘 경우도 있지만, 학생 선정을 먼저 하고 작품 선택이나 공연 기획을 후에 하는 경우도 많다.

간혹 학생 수나 예산에 어울리지 않는 공연장을 선택하는 경우도 있다. 10명 남짓의 학생이 대극장 규모의 공연장에서 공연해야 하거나, 30명 이상의 학생이 중·소 규모의 극장에서 공연하는 일은 쉽지 않다. 또한 넓은 공간을 채울 수 있는 무대 배경이나 소품, 의상 없이 대극장을 선택하는 것도 무모하다. 따라서 학생 선발 단계 이전에 미리 가능한 공연 규모를 가늠하는 것도 효율적인 방법이다.

⑥ 창작과 연습, 공연에 이르는 일련의 과정이 교육적인가?

이 물음은 교육 뮤지컬을 시작하기 전 실행하는 모든 과정, 공연과 그 이후의 과정에까지 항상 스스로 자문하고 참여하는 구성원에게 물어야 할 중요한 질문이다.

학교 축제 공연에 아동 연극을 올리기 시작한 초창기 때 있었던 경험이다. 희곡 창작부터 공연 기획, 무대 디자인과 연출에 이르기까지 모든 의사 결정을 혼자 했던 시기였다. 매년 오르는 공연에 대한 주변 동료들과 학부모들의 만족도가 매우 높았고, 스스로 공연의 질에 대한 자부심도 제법 있었다.

공연을 며칠 앞두고 늘 그랬듯이 아이들에게 반복 훈련을 지시하며 연습에 매진했다. 그 과정에서 자연스럽게 언성이 높아지기도 했지만 아이들을 조금만 더 집중시킨다면 공연을 성공적으로 이끌 수 있을 것이라는 확신이 있었기 때문에 한쪽 방향만 보고 열심히 달리던 중이었다.

마침내 공연은 성황리에 마쳐졌고, 공연을 관람했던 학부모와 동료들, 공연을 한 학생들 모두 기쁨과 놀라움에 상기되어 있는 것처럼 보였다. 나 또한 무사히 공연을 마친 기쁨에 한숨 놓으며 쉬고 있던 중에, 공연 연습 과정에서 능력에 비해 너무 수동적이어서 애를 먹였던 한 학생이 다가와 이런 말을 하고는 침울한 얼굴로 집으로 돌아갔다.

"선생님, 저 다시는 연극 안 할래요. 연극, 너무 힘들어요."

마치 망치로 한 대 맞은 기분이었다. 지금까지 내가 도대체 무얼 했던 것인지 혼란스러웠다. 그 아이를 위한다고 생각하며 더 엄하게 가르쳤을 뿐이었다.

그 아이는 학예회 때 꼭 연극을 해야 했을까? 연극에 대한 재능이 있다고 생각했기에 더 애태웠던 게 그 아이에게 부담스러웠던 것일까? 혹시 다른 아이들도 표현하지 않았을 뿐 공연을 준비하는 내내 고통에 몸부림치지는 않았을까?

수많은 생각이 머릿속을 스치며 지금까지 공연을 준비했던 과정을 되돌아보게 만들었다.

교육자라고 무대에 서서 소리를 높였던 나에게는 결국 아이들이 아닌 스스로의 만족감이 더 중요했던 것은 아니었을까?

2년간 연달아 담임을 하며 두 작품을 함께했던 그 아이를 졸업시키면서, 끝내 아이에게 주었을 고통과 상처를 보듬어줄 용기가 쉬이 나지 않았다.

필자는 지금도 그때의 기억을 잊지 않고 떠올리며 되새긴다. 교육 뮤지컬은 뮤지컬이라는 방법으로 아이들의 성장을 유도하는 하나의 교육 활동이라는 것을. 따라서 무엇보다 중요한 것은 교사 개인의 만족이 아닌 '함께 즐기고 성장하는' 과정이라는 것을 말이다.

동아리 형태는 어떻게 결정해야 할까?

 뮤지컬 활동을 시작하고 나서 우선적으로 고민해야 할 것은 동아리⁺ 구성 형태이다. 먼저 동아리 활동을 학교 안에서 할 것인지와 지역 사회와 연계할 것인지를 고민해야 한다. 지역 사회와 연계할 경우 프로그램이 갖춰진 상태이기 때문에 이 책에서는 학교 활동에 주안점을 두고자 한다.

 학교에서의 뮤지컬 활동은 창의적 체험 활동 동아리, 방과 후 학교 동아리, 예산 지원을 받는 예술 동아리, 교육 과정에서 규정하는 '학급 동아리' 등 다양한 형태의 활동 중에서 선택할 수 있다.

 뮤지컬이 가장 활성화된 부분은 교육부 및 지방자치단체에서 예산을 지원하는 예술 동아리이다. 예술교육을 활성화하기 위해 학교에 '목적성 경비(뮤지컬 활동에만 쓸 수 있는 경비)'로 내려왔기 때문에 학생들에게 교육비를 받지 않고 활동이 가능하다. 다른 형태의 동아리에 비해 예산이 넉넉한 만큼 다양한 형태의 공연이 가능하고, 학생들

....

♪ 이 책에서는 '동아리'의 의미를 창의적 체험 활동을 통해 운영하는 뮤지컬 동아리에 한정하지 않고, 뮤지컬 교육을 실시하는 모든 형태의 활동을 포괄하는 용어로 사용했다.

은 교육비를 내지 않기 때문에 교사의 권한이 크다는 장점이 있다. 또한 기존 교육 과정에 예속되어 있지 않기 때문에 연습 시간을 자유롭게 설정할 수 있어 공연 직전에는 집중 연습이 가능하다. 하지만 상급 기관의 예산 지원에 따른 결과물을 도출해야 한다는 부담감이 있고, 쓰인 예산은 감사를 받기 때문에 지도 교사의 행정적 업무가 매우 크다. 또한 예술 동아리는 공모 사업을 통해 선발된 학교에서만 가능하기 때문에 교장 선생님의 의지가 없이는 활동이 불가능하다.

예술 동아리 이외의 일반적인 뮤지컬 활동은 방과 후 학교 동아리 형태이다. 학생들의 희망을 받아 강좌를 개설한 후 매달 교육비를 지불하기 때문에 강사비 확보가 안정적이지만 강사비가 적기 때문에 외부 강사 수급이 어렵고 뮤지컬 전공을 한 강사를 구하기는 더욱 힘들다. 또한 강사 일정에 따라 결강이 될 경우가 많다.

방과 후 학교 동아리는 고학년보다는 저학년이 활성화되어 있어 대상 학년을 선정하는 데도 수요를 고려해야 한다. 저학년 학생들도 뮤지컬 활동이 가능할 수 있겠지만, 공연을 위해서는 초등학교 4학년 이상 학생들의 선발을 권장한다. 유념해야 할 점은 학생들이 교육비를 내기 때문에 활동하면서 의지가 없는 학생이 일방적으로 그만두기도 하는데, 특히 공연을 앞두고 어떤 학생이 갑자기 그만두는 경우 공연에 큰 지장을 받을 수 있다.

방과 후 뮤지컬 동아리의 또 다른 단점은 학교에 고용된 강사의 권한 문제, 학교와의 의사소통의 어려움 등을 들 수 있다. 또한 공연을 앞두고 작품을 마무리하기 위해서는 평균 주 1~2회 정도의 연습이 필요하지만 정해진 강사비로는 부족한 경우가 대부분이다. 이에 따라 추가적인 연습 일정을 잡아야 할 때에는 학교와 학부모의 허락이 있어야 하고, 안전이 확보되어야 하며, 분장과 의상 등 강사 인건비 외의 추가 비용이 발생할 수밖에 없다. 예산 지원이나 인력 충원 등의 행정 지원이 뒤따라야 하는데, 이 과정에서 학교에 고용된 방과 후 학교 강사의 경우 도움을 요청하기가 쉽지 않다.

더불어 2009 교육 과정 이후 각 학년별 창의적 체험 활동 영역에 동아리 활동이 활성화되어 중·고등학교는 물론 초등학교도 1주일에 한 시간, 혹은 2주일에 두 시간 단위로 동아리 활동이 이뤄지게 되었다. 다만 창의적 체험 활동 동아리는 교육 과정 속에 시수가 확보되어 안정적으로 운영할 수는 있지만 공연을 올리기에는 연습 시간이 절대적으로 적은데다 학년 또는 학년군(1·2학년, 3·4학년, 5·6학년)으로 운영되기 때문에 학교 행사나 명절에 의해 연기되거나 취소되는 경우가 많다.

또한 학생 구성을 재조직해 이동 수업 형태로 창의적 체험 활동 동아리를 운영하는 경우 지속적인 연습을 실시하기 어렵다. 공연일이 다가왔을 때에는 방과 후에 추가적인 연습 일정을 잡아야 하고, 평소 수업 중에도 블록 수업(기존 수업 시간 사이에 있던 쉬는 시간을 뒤로 돌리고, 연속해서 수업을 하는 것) 운영 등의 융통성을 발휘해야 하기 때문이다. 그래서 공연을 올리기에 쉽지 않은 환경이다. 방과 후 활동 동아리와 주말 방과 후 활동 동아리 등 다른 동아리 형태와 결합해 활동하는 것이 지속적이고 효과적일 수 있다.

토요 방과 후 학교 동아리는 수요자 중심의 안정적인 강사비 학보가 가능하고 3~4시간의 집중 연습이 가능하지만 토요일만 연습이 가능하기에 공연을 위한 연습의 연속성을 기대할 수 없다. 또한 토요일이라는 특성상 학생들이 가정에서 행사가 생겨 빠지는 경우가 많다. 토요 방과 후 학교는 한 학교에 1~2개 프로그램 개설이 가능하기 때문에 전 학년을 대상으로 뮤지컬 프로그램을 진행해야 한다. 따라서 초등학교에서는 1~6학년 학생이 함께 공연을 만들어야 하는 경우도 생긴다.

학급 동아리는 예술 분야에 열정이 있는 교사가 자기 반 학생을 대상으로 예술 프로그램을 만드는 것을 이야기한다. 한 반 전체 학생을 대상으로 적용하며 창의적 체험 활동과 함께 음악, 국어 시간 등을 재구성하여 뮤지컬 프로그램으로 특화시킬 수 있다. 학교의 다른 구성원들의 눈치를 받지 않고 담임 교사에 의해 주도적으로 작품을 만들 수 있다. 하지만 예산을 확보하기가 어렵고, 제작 과정에서 흥미가 없거나 반감이 있는 학생들에 대해 이해를 구하거나 다른 프로그램을 적용해야 하기 때문에 갈등이 생기면 흐지부지되는 경우가 많다. 처음 생각했던 것보다 이끌어나가는 데 어려움이 있을 수 있다.

학교 교육 과정 편성 시 반드시 반영해야 하는 범교과 교육(안전교육, 학교폭력예방교육 등)과 각종 행사 활동(입학식, 수련 활동 등) 시간, 그 외에 학교나 동학년 차원에서 실시하는 각종 특색 활동 등을 창의적 체험 활동 시수에 반영하다 보면 어느새 교사가 재량으로 기획할 수 있는 시간은 줄어들기 마련이다.

이러저러한 어려움이 있지만 학급 뮤지컬 교육 과정을 편성함에 있어서 교과 시수와 연계한 교육 과정 재구성 작업을 통해 시수를 확보하는 것이 무엇보다 중요하다. 또한 공연 연습 과정에만 초점을 맞추는 것이 아니라 창작·제작 과정에도 무게를 두어 다양한 교과를 아우르는 융합 교육 과정을 운영하는 것이 좋다. 더불어 연습 과정과 공연에 대해 학생들에게 꾸준하고 강력하게 동기 부여를 해야 하며, 각기 다른 흥미와 재능을 가진 학생들에게 '배우'라는 한 가지 역할이 아닌 다양한 형태의 역할(조연출, 작가, 드라마투르기♪, 작곡가, 연주자, 조명·음향 오퍼레이터 등 각종 스태프)을 두어 모두가 작품의 주인으로 참여할 수 있는 여지를 마련할 필요가 있다. 다음에 나오는 예는 4학년 학급 뮤지컬 교육 과정 운영 사례를 표로 제시하고 있다.

....
♪ 드라마투르기(Dramaturgy) : 이들은 연극의 역사, 이론, 실제에 대한 지식을 가지고 연출가, 디자이너, 극작가, 배우 등이 자신의 의도를 작품을 통해 실현할 수 있도록 돕는다(오스카 G. 브로케트, 《연극개론》, 김윤철 옮김, 한신문화사, 2003).
드라마투르기는 연출가와 배우 등 공연 제작에 참여하는 주체들이 독선적이거나 편향적인 결정으로 실수하지 않도록 보다 객관적인 눈으로 바라보며 연극이 무엇을 말하고자 하는지에 대한 주제 의식을 보다 명확히 하고자 끊임없이 질문하고 찾는 역할을 하는 사람이다.

[표 1] 단원 구성 및 지도 내용

구분		시수	단원 및 주요 지도 내용	지도 시기
교과	국어	11	1. 이야기 속으로	3월 중
		12	9. 시와 이야기에 담긴 세상	9~10월 중
	미술	6	3. 상상의 세계로	3월 중
		6	8. 만들기 나라로	7월 중
	체육	15	4. 표현 활동	9~10월 중
	음악	16	6. 내일을 꿈꾸며	9~10월 중
창의적 체험 활동		18	교육 뮤지컬 공연 연습 및 리허설	10~12월 중
합계		84		

[표 2] 학교 특색 뮤지컬 교육 재구성 운영 계획

재구성 주제			학급 뮤지컬 창작하여 ♪ 공연하기	지도 시수	84차시
순	과목	단원	배움 내용	재구성 배움 내용	
1	국어	1. 이야기 속으로	인물, 사건, 배경에 대해 알기 (1~2/10)	뮤지컬 작품 속 인물, 사건, 배경 살펴보기(1~2/11)	
			인물의 성격을 파악하는 방법 알기(3~4/10)	숨어 있는 이야깃거리 찾기 (일상생활)(3/11)	
			인물의 성격을 생각하며 이야기 를 읽고 느낀 점을 다른 사람과 나누기(5~6/10)	숨어 있는 이야깃거리 찾기 (기존 이야기)(4/11)	
			인물의 성격을 생각하며 이야기 의 내용을 정리하기(7~8/10)	나만의 인물 만들고 다른 사람과 나누기(5~6/11)	
			인물, 사건, 배경을 생각하며 이야기책을 만들기(9~10/10)	인물, 사건, 배경을 생각하며 뮤지컬 대본 만들기(7~10/11)	
				뮤지컬 대본 발표하기(11/11)	

2	미술	3. 상상의 세계로	상상의 세계를 표현한 작품 속으로(1/6)	뮤지컬 작품 영상을 보고 상상하여 표현하기(1~2/6)
			여러 가지 상상 표현 방법 알아보기(2/6)	
			상상의 세계 표현하기(3~4/6)	전래동화를 듣고 상상하여 표현하기 (뮤지컬 작품 발상)(3~4/6)
			이야기를 듣고 상상하여 표현하기(5~6/6)	상상 표현으로 함께 이야기 만들기 (뮤지컬 작품 발상)(5~6/6)
3	미술	8. 만들기 나라로	종이 예술에 대해 알아보고, 종이를 이용한 여러 가지 표현 방법 알아보기(1~2/6)	무대 배경막 그리기(1~2/6)
			종이를 접고 오려서 종이 모빌 만들기(3~4/6)	찰흙이나 종이로 무대 도구 만들기(3~4/6)
			여러 가지 종이로 종이꽃 만들기(5~6/6)	인형극 발표하기(5~6/6)
4	국어	9. 시와 이야기에 담긴 세상	시에서 우리가 살아가는 모습을 어떻게 나타내고 있는지 알기(1~2/11)	뮤지컬 넘버의 가사에서 우리가 살아가는 모습을 어떻게 나타내고 있는지 알기(1~2/12)
			시에서 표현된 현실의 모습을 생각하여 시에 대한 생각이나 느낌 나누기(3~4/11)	뮤지컬 넘버의 가사에서 표현된 현실의 모습을 생각하며 생각이나 느낌 나누기(3~4/12)
			이야기의 세계와 현실 세계의 비슷한 점 알기(5~6/11)	뮤지컬 작품의 세계와 현실 세계의 비슷한 점 알기(5~6/12)
			이야기를 읽고, 있었던 사실을 바탕으로 하여 쓴 부분과 글쓴이가 꾸며 쓴 부분 찾기(7~9/11)	뮤지컬을 보고, 있었던 사실을 바탕으로 하여 쓴 부분과 글쓴이가 꾸며 쓴 부분 찾기(7~9/12)
			자신이 읽은 작품을 떠올리며 독서 신문 만들기(10~11/11)	자신이 본 뮤지컬 넘버를 창작한 대본에 맞게 개사하기(10/12)
				간단한 뮤지컬 갈라쇼(또는 독회)로 표현해보기 (11~12/12)

			리듬 표현의 의미와 내용 알기 (1/15)	뮤지컬 작품 속 리듬 표현 알아보기(1/15)
5	체육	4. 표현 활동	리듬 변화에 따른 움직임 이해하고 즉흥적으로 리듬 변화 표현하기(2~3/15)	움직임 요소에 따른 움직임 표현하기(2~3/15)
			음악 리듬에 따른 즉흥 표현 동작 만들고 발표하기(4/15)	뮤지컬 작품 속 효과음을 듣고 즉흥 표현하기(4/15)
			그림 보고 동물의 소리나 동작을 즉흥 표현하고, 동작에 어울리는 리듬 알기(5/15)	뮤지컬 작품 속 노래 듣고 리듬 표현 만들기(5~7/15)
			음악 줄넘기 이해하기(6~7/15)	도구(후프, 리본 등)를 이용한 체조의 다양한 기본 동작 익히기(8/15)
			음악 줄넘기 작품 만들고 발표하기(8~9/15)	뮤지컬 작품 속 넘버를 듣고 도구를 이용한 체조 동작 만들기 (9~11/15)
			리듬에 어울리는 줄넘기 동작해보기(10/15)	
			후프를 사용한 기본 동작 익히고 연결하기(11~12/15)	뮤지컬 넘버에 따른 신체 표현 발표하고 평가하기(12/15)
			후프 동작 만들어 연습하고 발표하기(13/15)	뮤지컬 넘버에 따른 신체 표현 수정하고 연습하기(13~14/15)
			후프 동작에 어울리는 생각 적기(14/15)	
			표현 활동에서 배운 내용 정리하기(15/15)	뮤지컬 넘버에 따른 신체 표현 최종 발표하기(15/15)
6	음악	6. 내일을 꿈꾸며	〈군밤타령〉듣고 장단에 맞추어 노래 부르기(1/11)	뮤지컬 페스티벌 계획하기(1/16)
			〈군밤타령〉장단의 세를 살려 소고로 신체 표현하며 노래 부르기(2/11)	지역 전승 음악 알아보기(2/16)
			〈어여쁜 친구〉 주요 리듬꼴 치기(3/11)	지역 전승 음악 익히기(3/16)
			〈어여쁜 친구〉 가락의 흐름 구별하고 셈여림 살려 부르기(4/11)	지역 전승 음악을 뮤지컬 넘버로 패러디하기(4~5/16)

			〈굴렁쇠와 투호놀이〉듣고 자진모리장단 치며 노래 부르기(5/11)	지역 전승 음악을 패러디한 뮤지컬 창작곡에 맞추어 신체 표현하며 노래 부르기(6/16)
6	음악	6. 내일을 꿈꾸며	〈굴렁쇠와 투호놀이〉 노랫말 바꿔 부르기(6/11)	뮤지컬 극본에 어울리는 뮤지컬 넘버 창작하기(7~8/16)
			'제주 칠머리당 영등굿'과 '새다림 노래' 알아보기(7/11)	리듬꼴에 유의하여 창작 뮤지컬 넘버 부르기(9/16)
			지역 전승 음악 알아보기(8/11)	가락의 흐름과 셈여림 살려 창작 뮤지컬 넘버 부르기(10/16)
			음악회 개최하기(9~10/11)	창작 뮤지컬 넘버에 어울리는 신체 표현 만들어 신체 표현하며 부르기 (11~12/16)
				뮤지컬 페스티벌 리허설하기 (13~14/16)
			생활 주변의 문화 행사 소개하기(11/11)	뮤지컬 페스티벌 개최하기 (15~16/16)
7	창의적 체험 활동	뮤지컬 페스티벌	-	교내(학급) 뮤지컬 페스티벌 공연 리허설하기(1~8/18)
				지역 연합 뮤지컬 페스티벌 공연 리허설하기(9~17/18)
				지역 연합 뮤지컬 페스티벌 공연하기(18/18)

※ 예시에서는 교내 공연(교내 뮤지컬 페스티벌)과 교외 공연(지역 연합 뮤지컬 페스티벌)으로 2회의 공연을 실시했다.

교과 시간은 주로 작품 창작과 연습 시간으로 활용했고, 창의적 체험 활동 시간은 리허설 및 공연을 위한 시간으로 편성했다. 교과 시간을

♪ 적절히 편집하여 표의 내용을 모두 넣으면 좋지만, 지면 구성상 넣을 수 없다면 교과별 세부 내용을 중략할 수도 있다. 단, 교과 자체를 지우지 않는 것이 좋다.

자세히 살펴보면, 국어 시간에는 희곡 감상 및 창작 활동을, 미술 시간에는 무대 도구 및 배경 제작과 무대 디자인을, 음악과 체육 시간에는 움직임 창작과 노래 연습 등의 작품 연습 활동을 중심으로 실시했다.

근래에 중학교를 중심으로 자유학기제가 확대되고 있다. 진로교육 차원에서 자유학기제에 예술교육 프로그램을 실시하게 되어 있어 교육 뮤지컬을 운영할 수 있다. 외부 강사 초빙도 가능하지만 예산 부족이나 일정 등의 문제로 개별 학교에서 외부 강사를 구하기 어려운 경우가 많다. 또한 모든 학교 운영 시간이 정해진 것은 아니다. 학교에 따라 평일 오전에 실시하는 학교도 있다.

2015년도까지 부분 시행되다가 2016년도에 전면 시행된 자유학기제를 살펴보자. 시행 첫해를 맞은 학교들은 강사 확보와 예산 활용 면에서 큰 어려움을 겪었다. 방과 후 학교 강좌는 늘 하던 대로 1~2월에 강사 확보를 마친 반면, 자유학기제는 이보다 늦게 준비를 시작해 공지가 됐기 때문에 강사 입장에서는 이미 계약된 시간을 빼기가 쉽지 않았다. 모집 시기 문제를 뒤로하더라도, 중소 도시의 경우 학생들의 다양한 요구를 만족시키기 위해(학생들은 학교 동아리에서 접하기 어려운 강좌를 개설하기를 희망하는 경우가 많았다.) 색다른 강좌를 기획했지만 교통비, 이동 시간 등을 이유로 지원이 없어 강사 확보가 어려웠고, 소속 교사가 이전과 비슷한 형태로 운영하는 경우도 많았다.

반면 학교에서 뮤지컬 동아리는 다양한 형태로 운영할 수 있다. 결국 학교와 교사의 의지, 예산 상황, 학생들의 선호도와 외부 강사 도입 여부, 공연 형태 등 다양한 측면을 고려해 가장 적합한 형태의 동아리로 결정하고 운영해야 한다.

필자는 한 학년이 1~2개 학급으로 이루어진 소규모 학교에서 학년군 뮤지컬을 제작하기도 했다. 3학년군의 두 명의 교사가 힘을 합해 기획과 연출, 스태프에 이르는 역할을 소화했는데, 음악과 안무 및 연기 지도 시에 외부 강사와 협업하는 형태로 운영해 운영 시간을 더 확보하고, 효율적인 인적 네트워크를 구성해 교사의 힘을 덜 수 있었다.

학년군 교육 과정 중 연간 84시간 교과 및 창의적 체험 활동 시간을 재구성해 담임 교사가 운영하는 학급 뮤지컬을 중심으로 하되, 문화예술진흥원의 '예술 강사 사업'의 일환으로 실시되는 학교 연극 시간(연간 10시간, 연극 전문가)과 학교가 기획해 운영하는 뮤지컬 방과 후 강좌(주 1회 방과 후에 실시, 무용·음악 전문가)의 강사와 협업했다.

이와 같은 복잡한 형태의 운영 구조를 가질 때에는 많은 사람의 능력과 시간을 활용할 수 있다는 장점이 있지만 권한과 책임의 문제, 시간 활용의 효율성 문제가 발생하기도 한다. 각기 다른 능력과 관심 분야를 가지고 있는 지도 교사들이 함께 작업에 참여하기 때문에 '누가 주도권을 가지고 결정하며, 그에 대한 책임을 질 것인가?' 하는 것은 매우 중요한 문제이다.

[표 3] 학교에서 교육 뮤지컬 동아리의 활동 형태

동아리 형태	인원 (명)	연습 시간 (1주 기준)	공연 형태	예산 확보	멤버 교체	작품 제작 주도	장점	단점
창의적 체험 활동	15~30	1시간	어려움, 학예회	어려움	불가능	교사 및 학생	· 교육 과정 속에 시수 확보	· 연습 시간 적음 · 일부 학생 동기 부여 결여 · 공연 활동은 불가능
방과 후 학교	5~20	2~4 시간	학예회, 소극장	수요자 중심	가능	외부 강사	· 수요자 중심의 안정적 강사비 확보 · 소수의 학생으로 운영 가능 · 학생들 동기 부여	· 외부 강사 수급이 어려움 · 강사 일정에 따른 결강 · 학생의 직접 지원에 따른 동기 부여
예술 동아리	10~20	자체 결정	다양한 공연 활동 가능	상급 기관 지원	가능	교사 및 외부 강사	· 예산 확보 용이 · 다양한 공연 가능	· 예산 지원에 따른 결과물 도출 부담 · 공모 사업으로 일부 학교에서만 가능 · 교사들의 업무 부담 · 사업 종료 후 지속성 결여
토요 방과 후	5~20	3~4 시간	학예회	수요자 중심	가능	외부 강사	· 수요자 중심의 안정적 강사비 확보 · 1주일에 한 번 집중적인 연습	· 토요일만 연습이 가능해 연속성이 결여 · 참가 학생 결석이 잦음 · 대상 학년의 폭이 넓음
학급 동아리	15~25	자체 결정	학예회, 소극장	어려움	불가능	교사	· 교육 과정 속에 창체 시간 이외에도 시수 확보 가능 · 교사에 의해 주도적으로 운영	· 일부 학생 동기 부여 결여 · 예산 없음
자유 학기제	15~25	2시간	학예회, 소극장	쉬움	유동적	교사 및 외부 강사	· 예산 확보 용이 · 진로교육과 연계	· 일부 학생 동기 부여 결여 · 외부 강사 확보 어려움

이때 추천하는 형태는 가장 많은 시간과 권한을 가진 교사가 중심에 서는 것이다. 작업에 참여하는 강사들의 능력과 협조 범위를 명확히 인식해 역할을 배분하며 이에 대한 적절한 피드백을 제공, 네트워크를 유지하면서 교육 및 제작 작업을 진행하면 된다. 다른 한편으로 교사는 시간과 권한이 부족한 외부 강사의 한계를 인정하고 계획된 수업 시간에 시의 적절한 보완 작업을 실시해야 한다. 또한 연출권을 가진 지도 교사가 작품의 주제 의식과 연출 스타일 등을 보다 명확한 언어로 협조 강사들에게 전달하고, 동시에 각자가 전문성을 발휘하여 창의성을 펼칠 수 있도록 영감을 불러일으키는 역할도 마다하지 않아야 한다.

예산 확보가 관건이다

뮤지컬 프로그램을 운영하면서 가장 고민되는 것이 예산 운영이다. 근래에 문화예술교육이 활성화됨에 따라 교육부, 시·도 교육청에서는 예술교육 활성화에 관한 예산을 편성, 공모를 통해 예술 활동을 지원하고 있다. 지방자치단체에서는 지역 교육청을 통해 교육 경비를 교부하는데, 이 역시 공모 형식으로 예술교육을 지원하는 프로그램이다.

뮤지컬은 현대 문화예술에서 가장 대중적이면서도 학교에 도입되는 경우가 적다. 그래서 공모에서 쉽게 선정되는 편이다. 이 공모 사업 신청서 작성 시 유의해야 할 부분은 연습 장소와 시간 및 강사 수급 계획이 확보되어 있어야 한다는 것이다. 언제, 어디에서 공연해야 하는지도 주요한 사항이다.

학교 단위의 예술교육에서 가장 큰 사업은 한국문화예술교육진흥원에서 지원하는 '예술꽃 씨앗학교' 사업이다. 4년 동안 2억 6,000만 원이(2018학년도 공모 기준) 투입되는 사업이기 때문에 교장, 교감, 교사 등 학교 구성원들의 의지가 있어야 가능한 사업이다.

다음으로는 교육부에서 지원하는 학생 뮤지컬 사업이 있다. 2013년 전국의 초·중·고 130개 학교를 선정해 운영했으며 현재는 230여 개 학교가 운영 중이다. 처음 시작했을 때는 3년 동안 3,000만 원씩 총 9,000만 원 지원을 계획했으나 이후 학교별로 예산액을 삭감해 지원했고, 해마다 지원 학교 수도 줄였으며♪, 2016년 이후에는 점차 신규 학교 지정과 예산이 줄어들고 있는 추세이다.♪♪ 이후 추가적인 정책 지원이 없을 경우 학생 뮤지컬 사업은 점차 축소될 것으로 전망된다.

지방자치단체의 교육 경비 교부금 사업은 방과 후 학교, 통합교육, 진로교육, 인성교육, 예술교육 등 지역 교육 현안에 대한 다양한 사업을 지역 교육청을 통해 진행하고 있다. 매년 하반기에는 교육 경비 교부금 사업에 관한 지원을 받고 있기 때문에 뮤지컬을 주제로 공모 사업에 신청해 예산을 확보할 수 있다.

그 외에도 교육청의 문화예술교육과 창의·인성교육에 관한 예산으로 지원하는 프로그램이 있으며 지역 문화재단과 문화원에서 진행하는 예술교육 사업으로도 예산 확보가 가능하다. 또한 각 시·도 교육청에서 선정하는 혁신학교 지원 예산, 방과 후 학교 농어촌 지원 사업 예산, 각 시도별 메세나 협회에서 기업과 결연해 문화예술

....
♪ 2013년 130개 교, 2014년 70개 교, 2015년 30개 교. 충렬초등학교의 경우 1년 차에 3,000만 원, 2년 차에 2,000만 원, 3년 차에 1,000만 원을 받았고, 4년 차에 500만 원을 추가로 받았다.
♪♪ 진부초등학교는 사업 만료 후인 2015년 교육부 1,000만 원, 강원도 교육청 1,000만 원(총 2,000만 원), 2016년 교육부 400만 원, 평창군 교육 경비 500만 원을 지원받았다.

단체에 지원하는 지원금(이 경우 학교 외의 법인 필요) 등이 있다.

이와 같이 학교가 받을 수 있는 지원금은 한정되어 있고, 지속 가능한 문화예술 동아리 운영을 위해서는 학교 법인을 넘어서서 지역의 인사들과 함께 다른 형태의 법인(극단이나 협동조합 등)을 만드는 것도 생각해볼 만하다. 경남 통영 지역에서 학교 중심의 초·중·고등학교 연합 뮤지컬단뿐만 아니라 자유학기제, 방과 후 학교, 지역교육지원청 대안 교실 사업 등 지역의 문화예술교육을 지원하기 위해 통영의 교사들과 예술가, 학부모 등이 함께 설립한 K뮤지컬사회적협동조합을 그 예로 들 수 있다.

외부에서 예산 교부가 힘든 경우에는 학교 자체 예산으로 편성해야 한다. 학교마다 동아리와 창의적 체험 활동에 관한 예산이 편성되어 있지만 그것만으로는 간식비와 소품 구입, 의상 대여나 강사비 등을 충당하기에도 어려운 현실이다. 이 경우 학교 내부의 예산을 추가 경정하거나 타 사업의 일환으로 넣어 실시하는 등 학교 구성원 간 업무 협조를 통해 문제를 해결하거나, 공연 예산을 최소화한 교육 과정을 기획해 운영할 수밖에 없다. 간혹 최소화된 예산 조건 하에서 창의적인 발상이 떠오르기도 하니 교사는 주어진 조건을 최대한 긍정적으로 해석하도록 하자.

학생 뮤지컬 사업, 예술꽃 씨앗학교, 연구학교 등 공모를 통해 구성된 뮤지컬 동아리는 비교적 예산이 풍부한 반면, 교사와 학생의 의지로 만든 일반적인 동아리는 가장 먼저 겪는 고민이 예산이다. 처음 동아리를 만들면서부터 예산이 들지 않고 공연하는 방법을 고민해야 할 것이다. 예산이 없더라도 소극장이나 지역 축제에서 공연하는 것은 다음 연도 예산 확보를 위해서도 중요하다.

요즘엔 거의 모든 지방자치단체에서 교육 경비 지원 사업을 하고 있다. 교육 경비는 매년 10~12월에 차년도 예산을 신청하는데 뮤지컬의 교육적인 면을 부각하면서 지역 사회에서 공연을 한 실적이 교육 경비 지원 사업의 선정에 중요한 요소가 된다. 그렇기 때문에 창단 첫해 지역에서 자그마한 공연을 하는 것은 다음 해 예산 확보에 중요한 스펙이 될 것이다. 교육 경비 사업 이외에도 교육부와 교육청의 예술 관련 사업과 지역 청소년 단체의 예산을 신청할 때에도 공연 실적이 큰 도움이 된다.

뮤지컬 전문 강사가 필요하다

학교 현장에서 단독으로 학생들과 뮤지컬을 제작할 수 있는 교사는 찾기가 힘들다. 초등학교에서는 교사 스스로의 의지에 의해 뮤지컬 동아리 활동을 하기보다는 공모 사업 선정이나 수요자 중심의 방과 후 학교 프로그램 요구로 강좌가 개설되는 경우가 대부분이다. 중·고등학교는 학생들을 중심으로 뮤지컬 동아리 활동을 하고 있을 수 있고, 공모나 자유학기제 도입에 따른 학생들의 요구에 의해 개설될 수도 있다. 예술 교과(음악, 미술, 체육 등)의 교사가 교육 과정을 재구성해 운영하는 사례도 있다.

처음 뮤지컬 동아리를 창설하든, 기존의 뮤지컬 동아리가 있든 연기, 노래, 안무 등 전문적인 교육을 받기 위해서는 외부 강사가 필요하다. 특히 처음 뮤지컬 동아리를 운영하는 교사로서는 제작을 어떻게 해야 하는지, 연습은 어떻게 해야 하는지에 대한 지식이 거의 없기 때문에 외부 강사에 의존할 수밖에 없다.

외부 강사는 학교와 지역 교육청 홈페이지에 공지해 면접으로 선발할 수 있다. 공지 사항에는 모집 목적 및 분야와 함께 연습 시간,

보수 조건 등이 명기되어야 한다. 뮤지컬 활동을 하는 강사가 지역에 없을 때에는 연기, 노래, 안무 등 분야를 나눠서 모집을 할 수 있는데 이럴 경우 강사비 지출이 늘어난다. 강사비는 지역에 따라 다르지만 보통 시간당 4~6만 원 선에서 책정되며, 다른 지역에서 오는 강사는 하루에 여러 시간을 묶어서 수업을 할 수 있도록 요구하기도 한다.

지역 예술 강사에 한계가 있을 경우 전문 뮤지컬 활동을 하는 강사를 다른 지역에서 모집할 수도 있다. 다만 전문 뮤지컬 강사는 현역에서 활동하고 있기 때문에 뮤지컬의 모든 분야를 커버할 수 있는 반면, 보수가 높은 편이고 교통비를 지불해야 하며 강사의 스케줄이 자주 변동될 수 있다.

이 대안으로 개별 학교 단위가 아닌 권역별 협동 운영 방안을 들 수도 있다. 개별 학교 단위가 지출할 수 있는 강사비에는 한계가 있고, 연기와 춤, 음악으로 시수를 나눌 경우 개별 강사가 비용을 이유로 지원하지 않을 수도 있다. 따라서 수요가 있는 여러 개의 학교가 권역별 협의체를 구성하고, 예산과 일정을 함께 의논한 후에 일정량 이상의 시수와 강사비를 확보해 제시한다면 강사 확보가 용이해질 수 있다.

강사 확보를 위한 방법으로 학교에서 매년 2학기마다 신청할 수 있는 '학교 예술 강사 지원 사업'[1]에 강사 신청을 하는 것도 한 방법이다. 이 사업은 한국문화예술교육진흥원과 16개 시·도의 지역문화예술교육지원센터(국악 및 7개 분야)의 협력으로 지역별 사업을 운영하고 있으며, 현재 국악, 연극, 영화, 무용, 만화 애니메이션, 공예, 사진, 디자인 등 총 8개 분야 예술 강사가 전국 학교에서 교육 활동을 지원하고 있다. 강사비는 학교 담당 교사의 확인을 거쳐 한국문화예술교육진흥원이 지원한다.

우선 학교에서 신청을 받아 수요를 파악한 후 서류 심사와 실기 시험을 통해 일정 자격 요건이 되는 강사를 선발한다. 학교에서 신청한 모든 강사를 수용하기는 어려우며, 지역 여건 및 서류에 따라 학교에 예술 강사를 배정한다. 예술 강사의 수업 내용은 강사의 전문성과 학교별 교육 과정의 특성을 토대로 학교 담당 교사와의 협력 하에 예술 강사가 연간 프로그램을 기획·운영한다.

예를 들어 음악 수업에서 국악 분야는 예술 강사가 학생들에게 교수할 수 있다. 뮤지컬 분야는 개설되지 않았지만 연극 강사를 방과 후 학교와 동아리 활동으로 신청해 채택되면 뮤지컬 동아리 활동에 도움을 받을 수 있다. 연극이 뮤지컬과 다른 분야이기는 하지

....
♪ 예술 강사 지원 사업은 학교 문화예술교육 활성화를 위해 전국 초·중·고등학교에 전문 예술 강사를 파견, 지원하는 사업으로 문화체육관광부와 교육부 공동 협력 하에, 문화체육관광부와 시·도 교육청, 지자체(국악 분야)의 예산 매칭으로 진행되고 있다. 2005년부터 시작되었으며 학교 내 문화예술교육 활성화를 위해 전국 초·중·고등학교에 전문 예술 강사를 파견, 학교 내에서 문화예술교육을 체험할 수 있도록 지원하는 것이 목적이다. 학교 정규 교육 과정 및 토요 동아리, 초등학교 돌봄 동아리와 결합해 문화예술교육을 실시한다. 2016년에는 국악·연극·영화·무용·만화 애니메이션·공예·사진·디자인 등 8개 분야 예술 강사 4,900여 명을 전국 8,200여 개 초·중·고등학교에 파견해 양질의 문화예술교육 수업을 진행했다.

만 예술 강사의 대부분은 지역에서 활동하는 강사를 채택하기 때문에 지역 사회의 도움을 받을 수 있다.

예술 강사 입장에서는 단순한 교과 시간 중의 예술 수업이 아닌 공연을 하는 것에 큰 부담을 느낄 수 있다. 그렇기 때문에 예술 강사 신청을 할 때 공연 활동을 전제로 신청하는 것이 좋다. 또한 공연 활동을 수락한 예술 강사에 대한 학교 차원에서의 배려가 어느 정도 필요하다.

작품 연출은 누가 할 것인가?

뮤지컬 동아리를 만들고 예산도 확보했으면 작품 연출의 주체를 누구로 할지 고민해야 한다. 동아리 구성원 간에 자유로운 의사소통이 가능한 구조라고 하더라도 공연 작품 제작은 연출을 중심으로 이뤄져야 한다. 연출은 작품 제작 전반적인 과정에 개입하는 만큼 책임감과 권한이 크다. 동아리 구성 초기에 연출에 대한 설정을 제대로 하지 않으면 뮤지컬 제작 과정에서 구성원들 간의 의견 충돌로 인한 갈등은 물론 동아리 자체가 와해될 수도 있다.

초등학교에서의 연출은 지도 교사와 외부 강사 중에 누구로 할 것인지를 고려해야 한다. 지도 교사가 공연에 대한 경험이 풍부할 경우, 지도 교사가 연출을 맡고 외부 강사는 뮤지컬의 기술적인 면을 학생들에게 교수하는 역할을 맡을 수 있다. 지도 교사의 역량이 부족한 경우, 외부 강사에게 연출을 맡길 수 있지만 외부 강사의 의지와 스케줄을 염두에 두어야 한다. 만약 방과 후 학교 뮤지컬 동아리를 개설하고, 외부 강사 한 명에게 극장 공연을 위한 연출의 책임을 주면 외부 강사는 보수에 비해 큰 책임을 져야 하기 때문에 보수를 높여주지 않는 한 그 역할을 포기할 가능성이 높다.

아무리 작은 공연이라도 무대에 올려지기 직전까지는 매일 학생들을 지도하면서 연습해야 한다. 외부 강사의 여건이 허락된다면 자신의 스케줄을 포기하고 학생들을 지도하겠지만, 그렇지 않는 경우 연습 활동에 공백이 생긴다. 학생들 연습에 공백이 생기지 않으려면 지도 교사의 역할이 중요하다. 뮤지컬을 전공하지 않은 지도 교사가 연습 공백 시기에 학생들을 지도하려면 외부 강사가 학생들을 교육할 때 함께 연습 활동에 참가하거나 참관해야 한다. 다만 외부 강사가 학생들에게 교육하는 과정에서 지도 교사의 개입은 최소한이 되어야 한다. 이는 교사가 연출을 맡고 외부 강사가 지원해주는 반대 상황에서도 마찬가지다.

보통 학교에서는 지도 교사와 외부 강사는 서로 협력하면서도 전체적인 작품의 연출은 외부 강사가 맡으면서 기획이나 학생 통솔은 지도 교사가 맡는 형태가 일반적이다. 학교 관리자 입장에서 뮤지컬 교육을 활성화하려면 외부 강사와 별개로 지도 교사에게도 다양한 인센티브♪를 제공한다면 지도 교사 역시 책임감을 갖고 작품 제작 활동에 매진할 수 있다.

....
♪ 교사에게 제공할 수 있는 인센티브는 '내부 강사비'가 대부분을 차지하나, '승진 및 이동 점수', '업무 배정' 등 다양한 형태로 존재한다. 교사에 대한 인센티브를 강사비로 한정하는 것은 오해를 불러일으킬 수 있기에 인센티브라는 표현을 썼다.

중·고등학교 가운데 특히 기존에 뮤지컬 동아리가 활동하고 있는 경우 연출자 선정에 대해서는 고려해야 할 사항이 많다. 기존 뮤지컬 동아리는 학생들이 자체적으로 연출과 회장을 선발해 운영하고 있을 것이다. 지도 교사는 학생 통솔 책임과 권한이 있지만 전문적인 기술이 필요한 연출에는 한계가 있다. 외부 강사가 연출을 맡을 수도 있지만 활동하는 학생들과 불협화음이 일어날 수도 있으며 무엇보다 현재 동아리 활동 목적은 학생 스스로가 이끌어가는 것이 그 목표이기 때문에 그 취지와도 맞지 않는다. 이 같은 경우 어느 정도의 역할 분담이 필요하다.

공연을 위한 전체적인 로드맵은 외부 강사와 지도 교사가 협의해 설정하지만 외부 강사에게 전문적인 영역에 대한 결정을 맡긴다. 이때 고학년 학생은 외부 강사의 전문 영역 이외의 자체적인 지도를 하며, 지도 교사는 기획 역할을 하는 것이 일반적이다. 이 책에서는 독자가 연출자가 된다는 전제하에 그 방법에 대해 이야기했다.

2장

함께 뮤지컬

할 사람 모여라!

밑그림 그리기, 뮤지컬 부원 모집

학생 모집은 학년이 시작되는 3월이 좋다. 보통 1학기에는 워크숍 공연♪처럼 무대에 설 수 있는 기회를 마련해야 하기 때문에 6~7월 공연을 목표로 창작 작품을 만들어야 한다. 기존의 뮤지컬 부원이 있으면 2월부터 대본 만들기 작업을 시작해야 한다. 또한 3월에 새 학년이 시작되기 전 공연에 대한 밑그림이 그려져 있어야 한다. 대부분의 학교는 학기 초 일정이 워낙 빠듯하기 때문에 3월에 부원을 뽑는다고 하더라도 연습이 원활하게 이뤄지지는 않는다.

한국문화예술교육진흥원에서는 학교 예술 강사 지원 사업으로 희망하는 학교에 예술 강사를 파견한다.♪♪ 연극 강사를 신청해 파견된 경우 강사와 협의해 동아리 활동으로서 뮤지컬을 제작할 수 있다. 본격적인 연습을 4월로 결정했을 경우 3월 말에는 신입 부원을 뽑아야 제대로 된

....

♪ 공연에 익숙하지 않은 교사는 간혹 공연 횟수를 줄이는 것만이 능사라고 생각하는 경우가 있다. 하지만 한 번의 공연을 하더라도 그에 대한 주변의 기대치가 높으면 부담은 배가 된다. 준비 기간이 길고, 단 한 번의 공연만 하는 경우에는 준비하는 학생과 교사가 시행착오와 수정의 기회를 충분히 겪지 못했기 때문에 공연이 실패할 확률이 더 커진다. 따라서 본 공연을 위해 워크숍 공연을 하는 것이 성공 확률을 높일 뿐만 아니라 다양한 시도와 수정을 가능하게 한다는 측면에서 보다 교육적이다.

♪♪ 한국문화예술교육진흥원 홈페이지(www.arte.or.kr) 참조

연습이 가능하기 때문에 3월 중순에 오디션을 보는 것이 좋다.

연극이나 뮤지컬의 전문 영역에서는 이미 작품을 선정하고 오디션을 보는 경우가 대다수이기 때문에 대본의 배역을 고려해 캐스팅을 한다. 하지만 대본을 학생과 함께 구성하는 경우 이와는 조금 다르다. 오디션의 목표는 재능 있는 학생을 뽑는 것이 아닌 오디션이라는 준비 과정을 통해 성실하고 무대에 설 자신감이 있는 학생을 선발하는 데 있다. 선발의 의미보다는 학생들이 활동을 시작할 때에 마음을 다지는 계기를 마련하는 데 더 큰 목적이 있는 것이다.

학급 학생들과 함께하는 '학급 뮤지컬' 유형으로 교육 뮤지컬 프로그램을 진행하고자 한다면 다음의 유형 분류를 참고할 수 있다.

[표 1] 학급 뮤지컬 유형 분류

내용 구성 면	기존 작품 활용	기존의 뮤지컬 작품이나 교과서에 제시된 희곡 제재를 그대로 활용
	패러디	전래동화, 드라마, 영화, 교과서의 시나 소설 등을 각색
	순수 창작형	학생의 일기, 배움 노트, 상담록 등을 활용하거나 다양한 이야기 만들기 활동을 통해 새롭게 창작
시간 운영 면	고정 시간표형	매주 일정한 시간에 뮤지컬 지도 시간 편성
	집중 시간표형	한 단원을 뮤지컬 관련 단원으로 재구성해 편성
	집중 체험-고정 시간표형	일정한 요일을 '뮤지컬 데이'로 지정해 집중 시간 편성
	공연 준비형	공연을 위한 시간(리허설, 공연 당일 시간) 집중 편성

모두 함께 오디션 참여하기

오디션(audition)은 라틴어의 '경청하다', '청력'을 뜻하는 '아우디레(audire)'에서 유래된 말이다. 초기에는 말 그대로 오페라 극장에서 가수를 채용할 때 청각에 의한 판단만으로 가수를 채용하는 것을 가리켰다. 이후 19세기 후반부터 20세기에 들어 시각적 요소가 추가되면서 무대·영화·방송 등에 출연하는 배우·음악가 등을 뽑기 위한 시험 모두를 가리키는 말로 쓰이게 되었다. 오늘날에는 텔레비전이나 라디오 프로그램 제작 후 실제 방송이 되기 전 방송 관계자들이 갖는 시사(試寫)도 오디션이라 하며, 광고주가 광고 제작 후 계약에 앞서 작품을 시청하는 것을 말하기도 한다. ♪

오디션은 학급의 모든 학생이 학급 교육 과정의 일환으로 참여하는 학급 뮤지컬의 형태가 아닌, 학생을 선택할 수 있는 동아리 형태를 전제로 하며 교사가 학생을 선택해야 할 때 실시한다. ♪♪

....
♪ 두산대백과사전 발췌
♪♪ 필자가 근무하는 초등학교와 같은 경우는 활동을 희망하는 학생 모두에게 오디션을 실시하여 활동에 대한 동기 유발을 유도한다.

오디션 심사는 기존 부원들이 함께하는 것이 효과적이다

실제 공연에서도 오디션은 연출자의 주관에 따라 이루어지는데 학생들의 오디션 내용은 지도 교사나, 중·고등학교의 경우에는 상급 학년 학생들의 주관 하에 실시한다. 오디션을 보기 전 가정통신문을 보내 신청을 받고 희망 학생에게 오디션 방식을 미리 알려줘 준비할 수 있게 한다.

오디션 장소는 무대가 있는 곳이 좋지만 현실적인 학교 형편상 교실도 무난하다. 오디션은 다양한 방식으로 프로그램을 진행할 수 있는데 필자는 응시하는 학생 모두가 지켜보는 가운데 한 명씩 호명해 앞에 세워서 오디션을 본다. 많은 사람 앞에서 자신이 준비해 온 내용을 발표할 기회를 주기 위해서다. 오디션의 틀이 따로 정해져 있지는 않지만 1차, 2차, 3차로 나눠서 보는 것이 무난하며 10점

만점을 기준으로 한다.

1차는 자기소개이다. 학년, 반, 이름, 취미 등을 말한 후 뮤지컬부에 지원하게 된 동기와 각오를 듣는 시간을 갖는다. 자기소개를 마친 후에는 간단한 질문 2~3개를 추가한다. 이때 학생들은 긴장감 때문에 제대로 말하지 못하곤 하는데, 지도 교사는 최대한 학생들을 편하게 해주며 분위기가 어색하지 않도록 배려해야 한다. 우물쭈물하는 학생이 있더라도 다그치거나 부담 주지 않고 답변이 나올 때까지 기다리거나 답변 자체를 어려워하는 경우 다음 질문으로 넘어간다.

2차는 리딩(reading) 테스트이다. 극본의 한 장면을 감정을 넣어서 읽어보게 한다. 교과서처럼 딱딱하게 읽는 것이 아닌 주인공의 감정을 가지고 읽을 수 있도록 지도한다.

3차 평가인 노래 부르기는 응시하는 학생이 준비한 노래를 부르게 하거나 미리 부를 노래를 공지해 준비할 수 있도록 한다. 특히 선정 곡은 음이 높이 올라가는 노래를 선택해 미리 연습한 후 오디션을 보게 한다. 노래를 시험하는 것은 학생들의 노래 실력과 음역대를 테스트해 작품을 구상하고 배역을 조정하는 데 도움이 된다.

오디션을 마치면 총평을 해야 한다. 교사는 오디션을 통해 학생의 성격과 자신감 등 많은 정보를 얻을 수 있다. 이 과정에서 교사가 유념해야 할 가장 중요한 것은 학생 개인의 합격 여부가 아니라 오디션 자체가 선발의 의미를 넘어 참가 학생들 모두의 '교육'을 위한 시간이어야 한다는 점이다. 교사는 심판자가 아니라 조력자임을 잊지 말자.

그렇다면 오디션 평가 기준은 무엇일까?

상업 뮤지컬에서는 배역을 제대로 소화할 수 있는지가 평가 기준이다. 풍부한 경험과 실력을 가진, 약 3개월간의 연습으로 대중에게 무대를 선보일 수 있는 배우를 찾아야 하기 때문에 과정이 까다롭다. 반면 학교에서의 뮤지컬의 목적은 '교육'이므로 오디션 평가 기준을 성실성과 진로 적합성에 둔다.

지원 학생 수가 모집 정원에 미달이거나 비슷할 경우 평가 기준은 그리 중요하지 않지만 다수의 학생 중 선발해야 할 경우에는 어떻게 해야 할까? 객관적인 기준이 없을 경우 자칫 탈락한 학생이 반발할 수도 있으므로 다음 페이지의 표처럼 '오디션 평가 기준'을 두면 좋다.

오디션에서는 주로 자기소개와 대본 읽기(Reading), 가창력과 움직임을 평가하는데 이 중 가장 중요한 항목은 '자기소개'이다. 지도교사는 자기소개 항목에서 단순한 정보를 나열하기보다는 지원 학생이 뮤지컬을 희망하는 정도를 스스로 표현하고, 오디션이라는 과정을 통해 뮤지컬에 대한 적극적 참여를 다짐할 수 있도록 유도하는 것이 중요하다.

[표 2] 오디션 평가 기준

평가 단계	점수	평가 기준
1차 평가 (자기소개)	10점	조리 있게 자기소개를 말하며 뮤지컬부에 들어오려는 목적이 분명하다.
	9점	동아리 활동의 목적의식이 분명하다.
	8점	준비한 자기소개는 잘 말하지만 갑작스러운 질문에는 답을 못한다.
	7점	자신감은 없지만 끝까지 노력한다.
	6점	왜 뮤지컬부에 들어오는지 모를 정도로 목적의식이 없다.
	5점	자신감이 없어서 거의 말을 못한다.
2차 평가 (Reading)	10점	주어진 대본을 또박또박 읽으며 감정을 실어 읽을 수 있다.
	9점	간간이 끊어지지만 대사에 감정을 실을 수 있다.
	8점	대본을 읽는 것이 책 읽는 느낌이 든다.
	7점	대본을 읽는 것을 힘들어하지만 끝까지 노력한다.
	6점	대본을 읽다가 포기한다.
3차 평가 (노래 부르기)		오디션을 보는 학생들이 준비하면서 가장 부담을 느끼는 평가이다. 노래를 평가하기보다는 학생들의 가창력과 음역을 파악하는 자료로 활용하는 것이 좋다.
4차 평가 (움직임)		보통은 자신이 좋아하는 아이돌 가수의 안무를 따라 하는 경우가 대부분이다. 물론 이것만으로도 학생의 유연성이나 의지를 파악하기에 충분하지만, 상황이나 이미지, 노래를 제시하고 이를 안무나 마음으로 표현해보도록 하자. 움직임에 대한 창작 능력과 순발력을 살펴보는 것도 좋은 방법이다.

※ 이 표에서의 1차와 2차는 정량적인 기준이 있는 반면에 3차는 서술형으로 구성되어 있다. 둘 중 한 가지 방법으로 통일하는 것이 좋은 방법이다. 필요에 따라서는 '움직임' 항목이 빠져 있으므로 추가하는 것이 좋다. 이 표는 배우의 역량에 집중한 표이고 '창작' 능력에 대한 고려는 빠져 있기 때문에 학생들의 역할에 따라 오디션을 구성하는 것을 권한다.

대본 읽기와 노래 부르기, 움직임 평가에서도 학생의 선발보다는 특성 파악에 중점을 두어 관찰한다. 위의 항목을 평가 내용으로 사전 공지함으로써 지원 학생들로 하여금 사전에 연습케 하고, 뮤지컬 동아리에 대한 참여도를 배가시키는 효과가 있다.

오디션을 실시할 때 기존 부원들이 심사위원을 보는 것도 좋은 방법이다. 사실 오디션을 보는 학생이 모두 합격하기 때문에 심사위원 유무가 큰 의미는 없다. 하지만 요즘 오디션 프로그램이 성행하는 만큼 기존 부원들에게 질문과 평가를 스스로 준비하게 하면 자부심을 느끼며 진지하게 임할 것이다. 단, 질의응답 시간에 심사위원 역할을 맡은 학생들이 준비되지 않았거나 버벅거릴 수도 있으니 기존 부원들을 대상으로 오디션 전 질의응답을 미리 연습해보는 것이 효과적이다.

동아리 규칙을 만들자

동아리가 구성되었다면 학생들과 함께 규칙을 정해야 한다. 뮤지컬 동아리가 갖는 특수성 때문이다. 뮤지컬은 다른 동아리에 비해 학생들에게 단체 활동에 필요한 더 많은 자세를 요구한다. 뮤지컬은 배역을 맡은 학생의 비중이 매우 큰데, 학생들에게 배역이 배분된 상태에서 1년간의 계획된 프로그램을 진행해야 하기 때문이다.

공연이 임박해서 그만두는 학생이 생기면 연습 일정은 물론 공연에 차질이 생길뿐더러 이는 열심히 연습한 다른 학생들에게도 큰 피해를 준다. 그렇기 때문에 동아리 활동 초기에 학생의 성실성을 확인하는 일은 매우 중요하다. 이를 위해서는 동아리가 시작하자마자 엄격한 규칙을 적용해야 한다.

필자가 처음 뮤지컬을 시작했을 때는 종종 학부모의 반대에 부딪혔었다. 학생이 뮤지컬을 한다는 것에 대해 학부모 이해도가 낮은 것이 이유였다. 물론 지금도 종종 활동을 반대하는 학부모는 있다.

학생이 학부모의 반대로 뮤지컬을 그만두려고 할 때에는 간단한 면담을 하고 내보내는 것이 좋다. 간혹 활발하고 끼가 있는 아이들이 그만둘 때는 교사로서 참 아쉽다. 하지만 스스로 마음을 잡지 않는다면 그만두는 것이 옳다. 뮤지컬을 제작한다는 것은 매우 힘든 과정이기 때문에 아무리 뛰어난 재능을 가진 학생이라도 의지가 없다면 활동이 불가능하기 때문이다. 모든 학생이 뮤지컬 동아리에 열정을 가지고 참여하도록 하는 것은 그만큼 어려운 일이다.

오디션을 본 대부분의 학생들은 뮤지컬에 매우 큰 흥미를 가지고 있기에 학부모 반대에도 활동을 이어가고 싶어 한다. 이럴 경우 교사가 나서기보다는 반대하는 학부모를 학생들 스스로가 잘 설득하게 유도하는 것이 좋다. 가령 뮤지컬을 하면서도 학업에 더 충실히 임하겠다고 약속하는 것을 예로 들 수 있다.

교육 뮤지컬을 제작하면서 가장 필요한 학생은 성실하고 뮤지컬에 흥미를 가진 아이들이다. 자신감과 적극성이 다소 떨어지더라도 교사와 끝까지 할 수 있는지가 중요하다. 학교에서의 뮤지컬은 제작하는 과정에서 교육적 효과를 얻는 것이 목표이기 때문에 뮤지컬에 필요한 기술은 꾸준히 연습하면 자연스레 익힐 수 있다.

동아리 구성 초기부터 힘든 연습을 시작하기 때문에 의지가 없는 학생은 연습이 시작되고 오래지 않아 포기한다. 때문에 뮤지컬 동아리에서 엄격한 규칙을 1년 정도 꾸준히 시행하면 어느 정도 정착된다. 규칙을 통해 학생들이 뮤지컬을 제작할 수 있는 분위기를 조성해주며 뮤지컬을 한다는 자부심을 심어줄 수 있다. 또한 그 규칙을 통해 학생들의 다양한 아이디어를 얻을 수 있는 분위기를 만들 수도 있다.

뮤지컬은 지도 교사가 신경 써야 할 부분이 많다. 때문에 학생들 스스로 역할을 분담하고 아이디어를 공유하는 과정이 필요하며 이 과정은 지도 교사에게도 큰 도움이 된다.

예술 동아리는 공연을 목적으로 하기 때문에 엄격한 규칙을 적용하지만 창의적 체험 활동, 방과 후 학교 동아리 등은 공연보다는 뮤지컬 체험에 더 목적성을 두기 때문에 운영의 묘를 살려야 한다. 뮤지컬 활동에 관심 있는 학생은 비중 있는 역할을 주어 방과 후에도 연습할 수 있는 환경을 만들어주고, 자신감이 없거나 활동하기를 꺼려하는 학생은 연습량이 적은 간단한 역할이나 스태프로 활동하게 하는 것 등이 그 예이다.

규칙은 각 학교나 동아리의 사정에 따라 달라질 수 있으므로 운영하면서 상황에 맞게 정한다. 처음 뮤지컬을 시도하는 학교 단위에서는 시작부터 강력한 규칙을 적용하면 학생들에게 많은 부담이 될 수도 있고, 학교마다 실정이 다르고 교사의 생각이 다르기 때문에 현장 사정에 맞게 규칙을 정하면 된다.

다음은 필자가 현장에서 적용했던 규칙들이다.

규칙 ① : 무단결석은 하지 않는다

가장 중요한 규칙 중에 하나이며 학생들에게 책임감을 요구하는 규칙이다. 학생들이 배역을 맡으면 그에 대한 책임감을 가질 수 있게 지도해야 한다. 앞서 언급했다시피 공연을 목표로 한창 연기 연습을 하는데 말도 없이 빠진다면 지도 교사는 물론 다른 학생들에게도 큰 지장을 준다.

물론 학생이 사정이 있어서 빠지는 경우는 지도 교사에게 미리 이야기하면 되지만, 뮤지컬 동아리를 운영하다 보면 초반부터 무단으로 빠지는 학생들을 간혹 볼 수 있다. 이렇듯 불성실한 학생에 대해서는 면담을 통해 적극적으로 활동하겠다는 다짐을 받거나, 그렇지 않을 경우 활동을 그만두게 하는 것이 지도 교사와 다른 학생들을 위해 좋다.

다시금 강조하지만 학교에서의 뮤지컬 제작은 성실한 학생을 요구한다. 학생이 무단결석을 하지 않더라도 자주 결석하거나 연습에 이런저런 핑계를 대며 빠지는 것은 뮤지컬부 활동에 임계점이 왔다는 신호이기도 하다. 학생과의 면담을 통해 어떤 문제가 있는지를 파악하고 활동을 정리할 것인지 여부를 가려야 한다.

또한 결석을 한 학생에 대해서는 학생 스스로가 결석한 분량을 채울 수 있도록 해야 한다. 연습 시간이 끝난 후 부족한 연습을 하거나 다른 부원들에게 따로 배우도록 지도하자. 예를 들어 학생이 빠진 시간이 노래를 배우는 단계였으면 다음 시간에는 그 학생을 위해 반복해서 노래를 다시 가르치기보다는 그 학생이 함께 연습했다는 전제로 다음 단계로 나가야 한다. 어쩔 수 없이 결석했더라도 부족한 연습 분에 대해서는 스스로 책임져야 한다는 인식을 심어줘야 한다. 이는 주요 배역을 결정하는 데도 중요한 요소다.

규칙 ② : 재가입은 작품이 끝날 때까지 불가능하다

한 번 그만두면 해당 작품에 한하여 다시 참여할 수 없다는 규칙이다. 교육 뮤지컬 활동은 처음 시작했던 학생들이 인원 변동 없이 끝까지 공연하는 것이 가장 이상적이다. 하지만 뮤지컬 동아리를 운영하다 보면 그것이 불가능하다는 것을 깨닫는다. 학생들이 처음에 생각한 동아리 활동이 실제와 다르거나, 교사나 부원들과 상호작용이 어려워서 도중에 그만두는 학생이 발생하기 때문이다.

여러 가지 이유로 그만두었더라도 곧 후회하고 다시 활동하려고 할 수 있다. 그러나 다시 활동하겠다는 학생은 남아 있는 학생들에게 피해를 주기 때문에 거절하는 것이 좋다. 기존에 활동하는 학생들이 누구는 매일 연습하고, 누구는 하고 싶을 때만 한다는 상대적 박탈감을 느낄 수 있기 때문이다. 한 번 뮤지컬 제작 활동을 그만두면 한 작품이 끝날 때까지 다시는 받아주지 않는 것이 좋다.

이 규칙은 활동을 그만두는 학생에게 분명히 인지시켜야 한다.

다른 학생들도 이 같은 사실을 잘 알고 있기 때문에 쉽게 그만두려고 하지 않는다. 실제로 필자는 반에서 가장 끼 많은 5학년 학생이 열심히 활동하다가 부모님의 반대로 뮤지컬부에 들어오자마자 나간 후 곧 후회하고 다시 들어오려고 했는데도 받아주지 않았다. 그 학생은 1년 동안 뮤지컬부 학생들의 활동을 부러워하며 1년이 지나가기만을 기다렸고, 6학년이 되자마자 다시 뮤지컬부에 들어와 가장 성실하게 활동했다.

결국 이러한 규칙들을 통해 필자가 의도한 것은 학생들 스스로에게 뮤지컬은 성실해야 활동이 가능하다는 것을 알려주고자 함이었다. 학교에서의 뮤지컬 활동은 관객들에게 좋은 공연을 보여주는 목적보다는 제작 과정 속에서 학생들에게 교육적 효과를 바라고자 하는 것이기 때문이다. 엄격한 규칙들을 통해 뮤지컬은 관심이 있고 성실한 학생만이 할 수 있다는 인식을 심어주고, 그것은 뮤지컬부 학생들의 자부심으로 이어지는 결과를 얻을 수 있다.

규칙 ③ : 의사소통은 자유롭게 한다

학생들은 서로의 생각을 자유롭게 교환한다. 무대 공연은 창작적인 요소가 많이 들어가기 때문에 학생들의 의견을 자유롭게 끌어내는 것이 중요하다. 교사는 학생들에게 자신은 물론 다른 학생의 배역에 대해 자유롭게 말할 수 있는 분위기를 만들어주어야 한다.

연출자인 교사는 학생들이 자신이 맡은 배역에 관한 의견을 냈을 때 관대하게 받아주는 자세를 가져야 한다. 학생들 역시 좋은 작품을 만들고 싶은 욕심이 있기 때문에 진지한 의견을 많이 낸다. 학생들 서로 간의 의견 교환은 지도 교사가 출장 중이거나 부재중일 때 큰 힘을 발휘한다. 그러한 분위기가 조성되면 지도 교사 없이도 연습하고 토론하는 것이 가능해진다. 물론 학생들이 의견을 낼 때 감정적으로 서로를 공격하는 일은 결코 없도록 지도해야 한다.

교육 뮤지컬을 하고자 하는 교사가 현장에서 만나는 학생들은 주로 사춘기를 겪는 시기로 친구나 타인의 말에 의해 쉽게 상처받는 경우가 많다. 학생들이 상대에게 상처를 주기 위한 지적을 할 때 지도 교사는 강력하게 제지하고, 의견을 교환할 때에 서로의 감정을 상하게 하지 않도록 토론하는 방법을 사전에 공부할 필요가 있다.

지도 교사로서는 애매하고 어렵게 느껴지겠지만 학생들에게 협동심을 고양시킨다는 자세로 늘 학생들과 함께하며 의견을 들어주다 보면 생각보다 쉽게 자유롭게 의견을 교환하는 분위기를 만들 수 있다. 교사의 판단에 의해 작품을 수정할 필요가 있을 때도 반드시 학생들과의 의사소통을 통해 수정하는 것이 좋다. 특히 희곡 집필 단계에서부터 학생들과 함께했을 경우 대사 한 줄을 바꿀 때에도 학생들과 함께 의논하는 교사의 자세는 학생들 스스로가 작품의 주인임을 인식하는 데 큰 도움이 된다.

뮤지컬을 비롯한 문화예술교육이 인성교육과 학교폭력 예방교육에 효과가 있다는 것은 바로 이 단계에서 중요하게 적용된다. 학생 간의 소통과 교사와 학생 간의 자연스러운 소통은 서로에 대한 신뢰로 이어지고 갈등을 해소하는 데 큰 역할을 한다.

학생들이 자유롭게 의견을 내기 위해서는 지도 교사는 학생들에게 완벽한 연출자가 되기보다는 다소 어리숙해야 할 필요가 있다. 이미 결정한 사안의 수정에 대해서는 학생들과 함께 의논하고 결정하며 동의를 구하는 과정이 필요하다. 이를 통해 학생들은 작품을 스스로 만들었다는 인식을 하고 열정적으로 연습 활동을 하게 된다.

규칙 ④ : 다양한 역할을 맡긴다

배우뿐만 아니라 스태프 역할도 부여하고, 그들의 의견도 존중해야 한다. 보통 뮤지컬 같은 경우는 20~30명의 스태프를 필요로 한다. 학교에서의 뮤지컬은 간단한 공연이라도 지도 교사 혼자 모든 스태프 역할을 하는 것은 불가능하다. 그렇기 때문에 스태프는 학생에게 맡기는 것이 좋다.

스태프 역할을 맡을 학생은 오디션으로 뽑는 것보다는 공연 날짜가 다가와 스태프에 대한 구성이 필요할 때쯤 지도 교사 반의 친근한 학생에게 부탁하거나 학생들에게 추천받아 선발하는 것이 좋다. 지도 교사가 스태프를 선발할 경우 직접 담임을 맡고 있다면 그 반 학생에게 맡기는 것이 좋다. 다른 반 학생은 공연이 임박해 추가 연습이 필요할 때마다 해당 학생의 담임 교사에게 양해를 구해야 하지만, 직접 반에서 맡고 있는 학생인 경우는 그럴 필요가 없고 학부모 협조도 비교적 용이하다.

학생들이 맡을 수 있는 스태프 역할은 음향 오퍼레이터, 무대 감독, 의상·소품 제작자나 코디, 조명 오퍼레이터 등 다양하다. 스태프를 맡은 학생은 모든 연습에 참여할 필요는 없다. 자신이 맡은 스태프 역할을 잘 수행할 수 있도록 자주 연습에 참여해 작품의 흐름을 알 수 있도록 지도하면 된다. 스태프를 맡은 학생도 연습 과정에서 자신이 맡은 분야에 대한 의견을 낼 수 있도록 허용적인 분위기를 조성하고, 작품에 대해 고민할 수 있도록 질문하며 유도한다.

모든 것을 지도 교사가 하기에는 어렵기 때문에 교사 홀로 스태프를 구성하고 생각하는 것보다 학생들에게 역할을 나눠주는 것이 효과적이고 보다 교육적이다. 학생은 교사가 인정해주고 자신의 의견이 존중받을 때 기꺼이 자신의 잠재력을 최대한 끌어올리려 노력한다.

스태프는 연습 활동을 같이하기 때문에 때로는 좋은 배우가 되기도 한다. 배역을 맡은 학생이 갑작스럽게 그만두는 경우 새로운 학생을 뽑아서 훈련시키기는 거의 불가능할 것이다. 그럴 때 조연 배역을 맡은 학생을 주연 배우로 올리고 스태프를 맡은 학생을 조연 배우 역할을 시키면 된다. 남학생이 거의 들어오지 않는 학교에서는 남학생을 자연스럽게 모집할 수 있는 유용한 방법이기도 하다.

규칙 ⑤ : 모든 구성원을 연습에 참여시킨다

배역에 있어서 비중이 있고, 없고를 따질 수 없지만 대사가 별로 없어 출연하는 빈도가 높지 않은 학생도 엄연히 존재할 수밖에 없다. 대사가 적고 비중이 약하더라도 연습은 모두가 함께해야 한다. 대사가 별로 없는 학생은 자신이 출연하지 않는 부분이 의미 없는 시간이라 생각하기 쉽다. 하지만 그건 오히려 그 학생에게 좋은 기회를 제공하기도 한다. 정해진 연습 시간에는 모든 학생이 참여해 작품에 대해 함께 고민하고 연습하는 것이 좋고, 특정 학생의 연습이 더 필요하다면 해당 학생과 추가 연습 시간을 잡을 수 있다.

뮤지컬 동아리를 운영하다 보면 주요 배역을 맡은 학생이 그만둘 때가 있는데, 그 배역을 대체할 수 있는 사람은 바로 함께 연습했던 학생이다. 함께 연습해왔기 때문에 그만둔 학생의 대사도 어느 정도 익힌 상태이다. 때문에 별다른 어려움 없이 새로 주어진 역할을 수행할 수 있다. 비중이 작은 배역을 맡은 학생 입장에서는 더욱 열심히 활동할 수 있는 계기가 되기도 한다.

공연이 임박해서는 정규 시간 이외에 주말이나 따로 시간을 내서 부족한 학생들을 특별히 연습시켜야 할 때가 있다. 그럴 때에는 연습이 필요한 학생들만 올 수 있도록 지도하고, 다른 학생들에게는 특별 연습에 참가할 것인지 스스로 선택하게 하자.

규칙 ⑥ : 연습은 부드럽고 즐겁게!

학생들이 매일 딱딱한 분위기에서 연습한다면 어떨까? 지도 교사는 학생들이 즐겁게 활동할 수 있도록 부드러운 분위기를 만들어주고 무엇보다 대화를 많이 해야 한다. 다만 대화의 주제로 학업에 관한 것은 피하자. 자칫 잔소리로 이어질 수 있기 때문이다. 대화는 구성원 간에 친밀도를 높여주고 이는 연습 활동에도 영향을 준다.

자칫 부드러운 대화가 학생들에게 심리적인 여운을 줘 연습 활동에 누가 될 수도 있다. 대화가 끝난 후 연습이 시작되면 지도 교사는 진지한 분위기로 전환해 학생들이 연습에 몰입할 수 있도록 노력해야 한다.

규칙 ⑦ : 시간 약속은 철저하게 지킨다

오디션을 볼 때 특히 강조해야 할 규칙이다. 뮤지컬 동아리 활동 시간은 주로 주중에는 방과 후가 될 것이다. 이 시간에 학원이나 다른 방과 후 부서에 가지 않고 시간을 낼 수 있는 학생을 오디션 과정에서 뽑아야 한다.

뮤지컬은 단체 활동이기 때문에 학생 개개인의 사정을 고려해 시간을 맞추는 것은 불가능하다. 뮤지컬 제작 활동은 방과 후 시간은 물론 공연 일정이 잡혔을 경우 주말 시간을 투자할 수 있는 학생이 필요하다. 뮤지컬 활동에 열정적인 학생은 학원 시간을 미뤄가면서 활동할 것이다. 이 경우 교사는 반드시 학부모의 의견이나 동의 여부도 확인할 필요가 있다.

지금까지의 규칙들은 필자가 현장에서 활동하면서 적용했던 것들이다. 제시된 규칙이 엄격해서 학생들이 지키기에 어렵다고 판단되면 지도 교사가 새로운 규칙을 정해서 적용하면 된다. 뮤지컬 동아리의 운영 형태나 학교 상황에 따라 규칙을 정할 수 있으며, 초등학교 고학년 이상은 학생들과 함께 규칙을 만드는 것도 좋은 방법이다.

경험상 처음 구성한 학생이 끝까지 남는 경우는 없었고, 가장 기대했던 학생이 허무하게 동아리를 탈퇴하는 경우도 많았다. 공연을 3일 남기고 주요 배우가 활동을 그만둔 경우도 있었다. 이러한 일을 방지하려면 처음부터 동아리에 가입한 모든 학생을 이끌고 공연하기보다는 엄격한 규칙을 통해 성실한 학생을 걸러낸다는 생각으로 운영하는 것이 좋다.

연습 장소와 시간은 어떻게 정할까?

뮤지컬 동아리를 운영하면서 연습실을 정하려면 학교 일정과 사정을 고려해야 한다. 학교에는 체육관, 강당, 음악실, 영어 교실, 다목적실 등 공연을 올리거나 연습하기 괜찮은 공간들이 있다. 그렇지만 위 시설은 학교 일정 상 자주 행사가 열리는 장소이기에 뮤지컬부가 독점하기에는 힘든 환경이고 교실에서 이동하는 데도 시간이 걸린다. 다행인 점은 예술교육 활성화 정책에 따라 조명이나 거울을 장착한 뮤지컬실이나 무용실을 만드는 학교가 늘고 있는 추세다. 물론 공연장과 흡사한 환경을 갖추고 있는 전용 교실을 쓰면 더할 나위 없겠지만 사용이 쉽지 않을 수도 있다.

연습에 들어가는 시점에서는 지도 교사가 담임으로 맡은 교실이 무난하다. 처음 대본을 만들고 수정을 할 때는 교실 그대로를 쓰고, 행동선과 노래, 안무 연습이 필요한 시점에서는 뮤지컬실이나 무용실을 쓰는 것이 좋다. 하지만 전문 교실이 없을 경우에는 교실의 책상 배치를 달리해 연습 공간을 확보할 수도 있다. 음향 효과는 교실에 설치된 컴퓨터를 활용한다. 교실에서는 오디션부터 행동선을 설정할 때까지 간단한 연습을 한다.

학교 현장에서 연습 장소에 관한 예는 다음과 같다.

[표 3] 학교 현장에서의 연습 장소

기간	사용 용도	연습 장소
공연 1달 전까지	대본 작성 및 수정은 교실에서 이뤄지며 행동선 설정 과정부터는 뮤지컬실이나 무용실, 공간이 트인 교실을 사용한다.	교실, 뮤지컬실, 무용실
공연 1달 전~공연 2주 전	공연을 한 번에 이어서 할 수 있는 공간(체육관, 강당, 소강당, 영어 체험실, 합주실 등)에서 번갈아가며 연습한다.	교실, 뮤지컬실, 강당, 체육관, 공연장
공연 1주 전~공연 당일	사정이 허락하는 한 최대한 공연할 무대에서 연습하거나 무대와 비슷한 공간에서 연습한다.	공연장, 뮤지컬실이나 무용실

아이들이 교실에서 연습 중이다

학교 사정과 뮤지컬 동아리 형태에 따라 달라질 수밖에 없지만 처음 동아리 활동을 시작했을 때 구성원의 의견을 들어 모두 참여할 수 있는 시간대가 좋다. 월요일~금요일은 방과 후 시간을 이용하고 공연에 임박해서는 연습의 빈도를 구성원 간의 합의하에 늘려주어야 하지만, 학생들 대부분이 오후 5시 이후에 학원을 가기 때문에 되도록 그 시간을 넘지 말아야 한다. 토요 프로그램이 아닌 한, 주말이나 휴일에 연습하는 것은 학생들의 휴식을 위해서도 지양해야 한다. 다만 연습이 필요한 학생이라면 의견을 들어서 오전 시간대에 하는 것이 좋다.

공연 동아리를 만들면서 고려해야 할 점은 방과 후 시간에 동아리를 개설할 경우 많은 학생이 방과 후 학교나 학원 수업 시간과 겹친다는 것이다. 학생을 모집하고 나서 연습을 하다 보면 적게는 몇 명에서 많게는 절반 정도 학생이 학원과 방과 후 학교를 이유로 뮤지컬 동아리를 나가기도 한다. 동아리를 그만두고 싶은 학생이 학원을 핑계로 나가는 경우도 비일비재하다. 이럴 때 지도 교사는 힘이 빠져 의욕을 잃을 때가 많다. 그때마다 서운해하지 말고 오히려 남은 학생들과 더 열심히 작업하며 마음을 다잡아야 한다.

생소하다면 연극 놀이부터 시작하자

뮤지컬 연습을 시작하기 전, 연기에 대한 학생들의 생소함과 교사의 부담감을 줄이기에 유용한 활동이 바로 연극 놀이다. 연극 놀이는 모든 학생이 부담 없이 즐겁게 활동할 수 있다. 또한 연극적인 요소가 가미되었기 때문에 뮤지컬에 친근감을 느끼게 해준다.

연극 놀이는 놀이적 상황을 제공함으로써 자유로운 상상력을 유도한다. 이것은 텍스트를 자유롭고 폭넓게 이해하고 표현을 풍부하게 하는 데 도움이 된다. 연극 놀이라고 해서 특별한 원칙이 있는 건 아니다. 연극적 요소를 가미한 교육적 놀이면 연극 놀이라고 할 수 있다. 하나의 연극 놀이를 각 교실에 접목시키는 교사의 의도와 그때그때 교실의 상황이 각기 다르기 때문에 종류도 어마어마하게 많다.

하지만 각 교실에서 일어날 수 있는 전반적이고 통속적인 상황에 그 기준을 두고 연극 놀이를 제시한다면, 그 놀이를 하는 시점에 따라 연극 놀이에 사용되는 재료가 될 것이다. 연극 놀이에 관한 자료는 다양하며 인터넷에서 쉽게 구할 수 있다.

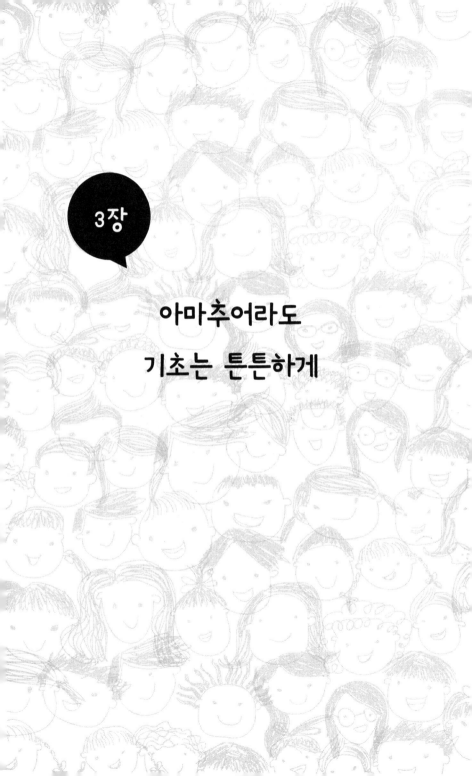

3장

아마추어라도
기초는 튼튼하게

기본기 다지기! 호흡과 발성

뮤지컬에 있어 발성은 매우 중요하다. 발성은 호기(呼氣)에 의해 성대를 진동시켜 음성을 만들어내는 생리 현상으로 조음(調音)과 함께 말소리를 만든다.♪ 쉽게 이야기하면 목소리를 내는 것이다. 큰 장애를 가지고 있지 않는 한 목소리를 내는 것은 누구나 다 할 수 있다.

무대에서의 발성은 장시간 동안 큰 목소리를 내야 하기 때문에 꾸준한 훈련이 필요하다. 뮤지컬에 있어서 발성은 절대적이라고 할 만큼 중요하다. 아무리 좋은 내용과 뛰어난 연기력을 가지고 있다고 해도 관객에게 대사 전달이 안 되면 아무런 의미가 없다. 꼭 연기가 아니더라도 발성 훈련을 하면 다음과 같은 장점이 있다.

첫째, 목소리가 작은 학생이 목소리가 커진다.

둘째, 폐활량이 커진다(유산소 운동을 하는 데 도움이 된다).

셋째, 노래를 잘 부르게 된다. 본인의 음역대에 맞는 소리를 보다 편하게 낼 수 있게 된다.

넷째, 자신감이 커진다.

....
♪ 두산대백과사전 발췌

연습 때마다 5분씩 투자해서 발성 훈련을 하면 큰 효과가 있다. 공연 직전에 하는 발성은 학생들의 긴장감을 완화하는 데 좋은 방법이다. 발성에는 워낙 다양한 방법이 있기 때문에 어느 것을 써야 한다는 식의 정해진 틀은 없다. 다음은 필자가 발성할 때 쓰는 방법이다.

① 호흡 방법

발성 시 호흡에는 두 가지 방법이 있다. 첫 번째는 가슴으로 하는 흉식 호흡이고, 두 번째는 배로 호흡하는 복식 호흡이다. 여성은 주로 흉식 호흡을, 남성은 주로 복식 호흡을 하는데 발성 훈련에서 필요한 것은 좀 더 깊은 복식 호흡이다. 복식 호흡이 되면 다음 단계인 발성 연습에 들어갈 수 있다.

② 복식 호흡 방법

첫째, 허리를 편 바른 자세로 서며 턱은 약간 당긴 상태에서 시선은 15° 위를 향한다.

둘째, 폐 속의 숨을 완전히 내뱉는다(배가 쏙 들어간다).

셋째, 지도 교사가 하나에서부터 다섯을 셀 동안 배에 천천히 숨을 집어넣는다. 다섯을 세었을 때는 숨이 꽉 차게 집어넣는다.

넷째, 거의 다 모아졌을 때 순간 배에다 힘을 주면서 숨을 멈춘다.

다섯째, 연출자가 하나, 둘, 셋을 세면 숨을 한꺼번에 내뱉는다. 이때 목소리는 내지 않는다.

여섯째, 숨을 내뱉을 때에는 어깨와 목, 가슴이 움직여서는 안 되고 배만 움직이도록 훈련한다.

일곱째, 내뱉는 숨이 목을 거치지 않고 곧바로 입 밖으로 나오게 노력한다. 힘들지만 호흡 연습을 하면 익숙해진다.

여덟째, 복식 호흡이 익숙해지면 점점 숨을 넣고 빼는 속도를 높인다.

③ 짧은 발성

복식 호흡이 익숙해지면 호흡에다 목소리를 집어넣는다. 자세는 복식 호흡법과 거의 동일하며 숨을 내뱉을 때 '아' 하며 소리 내는 것이 중요하다.

짧은 발성을 훈련하면 목소리가 작은 학생의 목소리를 키울 수 있다. 목의 근육에 힘을 주어 힘들게 소리를 내지 않고, 깊은 호흡에 자연스럽게 실어 소리를 낼 수 있는 단계가 되면 학생들은 오랜 시간 대사를 하거나 노래할 때 목이 쉬지 않는다. 그러기 위해서는 훈련을 통해 목이 아닌 배에서 끌어오는 숨으로 발성하게 한다.

첫째, 허리를 편 바른 자세로 서며 턱은 약간 당긴 상태에서 시선은 15° 위를 향한다.

둘째, 폐 속의 숨을 완전히 내뱉는다(배가 쏙 들어간다).

셋째, 훈련시키는 지도 교사가 하나에서부터 다섯을 셀 동안 배에 천천히 숨을 집어넣고, 다섯을 세면 숨을 꽉 차게 집어넣는다.

넷째, 거의 다 모아졌을 때쯤 순간 배에다 힘을 주면서 숨을 멈춘다.

다섯째, 연출자가 하나, 둘, 셋을 세면 숨을 '아' 하며 한꺼번에 내뱉는다(폐 안의 숨을 모두 뱉어야 한다). 이때 간혹 어떤 학생은 '아' 소리를 목으로 만들어서 내기도 한다. 복식 호흡 훈련 첫 단계에서 발음하는 '아'는 평소에 발음하는 말소리 '아'라기보다 갑작스럽게 놀랄 때에 내는 '하!'에 가깝다.

한꺼번에 내뱉는 훈련에 익숙해지면 호흡을 다섯 번 정도로 나누어 내뱉는 훈련도 복식 호흡을 익히는 데 도움이 된다. 배에서 공기를 '탕!' 하고 쏜다는 생각으로 '하' 발음과 함께 뱉는다. 이때 교사에게 피아노가 있을 경우 한 스케일을 리듬에 맞게 쳐주며 훈련하도록 하면, 호흡에는 음가가 없지만 학생이 호흡과 발성, 음정의 관계를 머릿속으로 상상하며 지루하지 않게 연습할 수 있다. 교사가 피아노로 '도, 도, 도, 도, 도'를 치면 학생이 그 리듬에 맞게 '하, 하, 하, 하, 하' 하며 훈련하는 식이다.

여섯째, 호흡법과 마찬가지로 숨을 내뱉을 때에는 어깨와 목, 가슴이 움직여서는 안 되고 배만 움직이도록 훈련한다.

복식 호흡을 할 때에 말하는 '배'의 위치는 엄밀히 말하면 횡격막 부근의 상복부에 가깝다. 아이들이 처음부터 상복부와 하복부를 구분해 복식 호흡을 연습하기는 쉽지 않지만, 교사가 시범을 보일 때에는 하복부(단전 부위)에 힘을 주고 상복부에 호흡을 넣는다고 생각하고 복식 호흡을 하면 된다.

④ 긴 발성

긴 발성은 일정한 호흡으로 길게 소리를 내는 방법이다. 짧은 발성과 복식 호흡이 익숙해지면 호흡에다 목소리를 얹어 소리 내는 훈련을 한다. 자세는 복식 호흡법, 짧은 발성과 동일하지만 숨을 한 번에 내뱉는 것이 아니라 일정 시간 동안 지속해야 하기 때문에 발성 도중 기복 없이 소리를 내는 훈련을 해야 한다. 긴 발성이 훈련되면 오랜 시간 연기하면서 목소리에 기복이 없으며 특히 노래할 때 도움이 된다.

첫째, 허리를 편 바른 자세로 서며 턱은 약간 당긴 상태에서 시선은 15° 위를 향한다.

둘째, 폐 속의 숨을 완전히 내뱉는다(배가 쏙 들어간다).

셋째, 연출자가 하나에서부터 다섯을 셀 동안 배에 천천히 숨을 집어넣는다. 다섯을 세었을 때는 숨이 꽉 차게 집어넣는다.

넷째, 거의 다 모아졌을 때 순간 배에다 힘을 주면서 숨을 멈춘다.

다섯째, 연출자가 하나, 둘, 셋을 세면 천천히 '아' 하면서 소리를 낸다. 이 때 한 번에 호흡을 많이 써서 소리를 내지 않고 호흡을 아껴 길게 소리 낸다. 단, 호흡을 길게 내기 위해 억지로 목에 힘을 주어 끌지 말고 자연스럽게 소리를 낼 수 있도록 한다. 막바지에 이르러 호흡이 부족해지는 상황에 오면 복부에서 공기가 빠져나가는 것을 힘으로 잡아둔다는 생각으로 복부에 힘을 준다. 이 훈련은 후에 배우가 보다 편하게 고음을 낼 수 있도록 도와준다.

긴 발성이 익숙해지면 연출자는 기준 시간을 제시하고 발성이 끝난 학생은 제자리에 앉게 해 누가 더 오래 발성하는지 알 수 있게 한다. 이때 학생들은 경쟁 심리가 생겨 서로 오래 발성하려고 노력한다. 처음에는 10초 넘기기, 다음은 15초, 20초 등 단계를 거쳐 긴 발성을 하는 시간을 끌어올린다. 단, 호흡의 마지막 부분에서 더 길게 소리 내기 위해 억지로 목의 근육을 사용해 쥐어짜는 듯한 소리를 내지 않도록 지도한다.

초등학교 수준의 동아리에서는 작은 발성과 긴 발성으로도 충분하다. 발성할 때 간혹 어떤 학생들은 어색해하거나 소리 내는 것을 부끄러워한다. 이럴 때 교사가 먼저 시범을 보여주면 효과적이다.

좋은 발성이 추후의 캐스팅 여부, 연기와 노래 실력 향상으로 이어진다는 사실을 학생들에게 인지시키면 진지하게 발성 연습을 할 것이다. 뮤지컬 동아리를 운영하면서 연출자인 지도 교사가 가진 큰 권한은 배역 캐스팅이다. 때문에 연습 활동 중 적절하게 이를 이용하는 것도 나쁘지 않다. 단, 캐스팅 권한을 남용하면 학생과의 관계가 감정적으로 변해 악화될 수 있기 때문에 잘 조절해야 한다.

자신감을 키워주는 응용 발성

긴 발성이 익숙해지면 다양한 발성을 할 수 있다. 지도 교사는 상황에 맞는 창의적인 발성을 직접 시도할 수 있게 지도한다. 응용 발성에는 음을 변동하는 발성, 발음 훈련과 병행, 바이브레이션을 주는 방법, 노래의 한 구절을 부르며 발성하기 등 다양한 방법이 있다.

발성은 꾸준한 연습이 중요하다. 처음에는 어렵지만 의지만 있다면 누구나 할 수 있다. 뮤지컬부 동아리를 운영하는 동안 '저 아이는 목소리가 작아서 어떻게 무대에 세우지?'라고 고민했던 학생이 있었다. 우려와는 달리 그 학생은 꾸준하게 발성 훈련을 하면서 공연 즈음에는 제대로 목소리를 내며 연기했다. 그 과정을 지켜보면서 발성은 목소리뿐만 아니라 아이들의 자신감에도 크게 도움이 된다는 것을 알 수 있었다.

① 발음

뮤지컬에서 발음은 발성과 마찬가지로 매우 중요한 요소이다. '발음(發音)'은 혀 와 이, 입술 등을 이용해 말을 이루는 소리를 내는

발성 연습은 충분히 해야 한다

일, 또는 그 소리를 뜻한다.[♪] 발음이 정확해야 관객에게 대사의 뜻이 제대로 전달되고 듣는 이로 하여금 편안함을 주고 내용을 파악할 수 있게 한다.

상업 뮤지컬에서 전문 훈련을 받은 배우들은 이미 발음에 철저하게 훈련되어 있다. 하지만 학생들에게는 처음부터 올바른 발음을 기대할 수 없기에 연습이 필요하다. 발음은 꾸준히 연습해야 효과를 얻을 수 있다. 연습 시작 전 매일 3분 정도만 투자하면 한 달 뒤에는 발전된 모습을 발견할 수 있다.

성장기 학생들에게 발음 연습은 꼭 무대에서의 연기가 아니더라

····························
♪ 두산대백과사전에서 발췌

도 필요하다. 올바른 언어를 구사해 책 읽기나 발표 수업 시 자신감 있게 말할 수 있는 효과가 있기 때문이다. 발음 연습은 발성과 달리 동아리 구성 초기에 연습하며 어느 정도 훈련된 이후에는 따로 연습하지 않는다. 학생이 연기하면서 발음이 틀릴 때마다 반복적으로 해당 발음만 연습시키면 된다.

② 발음 자세

발음 연습 자세는 발성 자세와 동일하다.

첫째, 허리를 편 바른 자세로 서며 턱은 약간 당긴 상태에서 시선은 15° 위를 향한다(교실 뒤편에서 봤을 때 칠판 위 태극기 쪽).

둘째, 폐가 꽉 차게 한숨을 크게 들이쉰 상태에서 오른쪽 페이지의 '발음 연습표'를 한 줄씩 크게 읽는다.

셋째, 발음 연습은 평소보다 훨씬 과장되게 발음해야 한다. '아'는 입이 찢어질 정도로 크게 벌리고, '이'발음은 치아가 모두 보이고 입을 옆으로 찢어질 정도로 '이'를 길게 발음한다.

넷째, 잘 안 되는 발음을 반복적으로 실시한다.

다섯째, 발성 연습과 함께 병행하면 큰 효과를 얻을 수 있다.

③ 발음이 잘 되지 않을 경우

반복적인 연습이 필요한데, 입 모양에 유념하며 천천히 발음해본

가 갸 거 겨 고 교 구 규 그 기
나 냐 너 녀 노 뇨 누 뉴 느 니
다 댜 더 뎌 도 됴 두 듀 드 디
라 랴 러 려 로 료 루 류 르 리
마 먀 머 며 모 묘 무 뮤 므 미
바 뱌 버 벼 보 뵤 부 뷰 브 비
사 샤 서 셔 소 쇼 수 슈 스 시
아 야 어 여 오 오 요 우 유 으 이
자 쟈 저 져 조 죠 주 쥬 즈 지
차 챠 처 쳐 초 쵸 추 츄 츠 치
카 캬 커 켜 코 쿄 쿠 큐 크 키
타 탸 터 텨 토 툐 투 튜 트 티
파 퍄 퍼 펴 포 표 푸 퓨 프 피
하 햐 허 혀 호 효 후 휴 흐 히

다. 그래도 교정이 어려운 경우에는 볼펜이나 나무젓가락을 입에 물고 연습한다. 발음이 어눌하게 나오기는 하지만 혀의 제대로 된 위치를 익힐 수 있으므로 공연계에서는 널리 쓰이는 방법이다.

④ 음정 고저 연습

음정의 높낮이를 조절하며 발음하는 연습이다. 1단계 가장 낮은 목소리에서 마지막 10단계는 가장 높은 목소리로 발음한다. 1단계를 예로 들면 처음 '하'는 낮게 시작해서 '나'는 갑작스럽게 높게 목소리를 올린다. 마지막 '하나'의 '나'는 끝을 같은 목소리로 폐의 공기가 다 빠져나갈 때까지 쭉 끈다. 음정 고저 연습 역시 긴 발성 연습과 함께하면 효과적이다.

하나 하면 하나 **(1단계)** 둘 하면 둘 **(2단계)**

셋 하면 셋 **(3단계)** 넷 하면 넷 **(4단계)**

다섯 하면 다섯 **(5단계)** 여섯 하면 여섯 **(6단계)**

일곱 하면 일곱 **(7단계)** 여덟 하면 여덟 **(8단계)**

아홉 하면 아홉 **(9단계)** 열 하면 열 **(10단계)**

발음 연습은 학생의 발음이 심하게 틀어지는 경우를 제외하고는 기초적인 수준으로도 충분하며 발성 연습과 함께하는 것이 효과적이다. 발음이 잘 되지 않는 학생이 연습 시간에 발음을 교정하면 자칫 친구들로부터 놀림을 받을 수 있으므로 따로 집에서 연습할 수 있게끔 지도하고 과제로써 확인해야 한다. 발음은 연습하면서 자연스럽게 나아지니 처음부터 조바심을 낼 필요는 없다.

배우의 언어, 감정 표현하기

감정 표현은 연기하는 데 중요한 요소 중 하나이다. 대본을 다 외웠다고 해도 무대 위에 서서 책 읽듯이 말한다면, 그건 연기가 될 수 없다. 배우가 연기를 잘한다는 것은 자신의 캐릭터에 대한 감정 표현을 잘한다는 뜻이다. 자신이 맡은 배역의 감정을 표현하는 것은 뮤지컬을 하면서 가장 어려운 일 중 하나다.

어렵다고 단기간에 성과를 내려고 하면 학생들은 부담을 가진다. 지도 교사는 서로의 표정을 비교하는 분위기로 즐겁게 감정 표현 훈련을 해야 한다. 감정 표현 훈련은 연습 초기나 대본을 진행하면서 간간이 하는 것이 좋다. 학생들은 전문 연기자가 아니기 때문에 감정 표현이 잘 되지 않더라도 다그치지 말자.

① 대사 감정 표현 및 신체 언어 학습

관객들에게 직접적으로 다가가는 감정 표현은 바로 대사이다. 똑같은 톤으로 대사를 말하면 책 읽는 느낌이 들기 때문에 감정을 실어서 표현하는 훈련을 해야 한다. 감정 표현 훈련은 여러 가지 방법으로 연습하는 것보다 한 가지 방법이라도 확실하게 연습해두는 것이 좋다. 대사를 말하는 소리의 결로 감정 표현을 연습하면서 얼굴 표정도 함께 연습하면 효과적이다. 여러 사람이 함께 연습할 경우에는 한 사람씩 돌아가며 발표하고, 혼자 연습할 경우에는 거울을 보면서 하는 것이 좋다.

② 소리의 고저를 통한 감정 표현 연습

- 선생님! → 5m 이내에 있는 사람이 들을 정도의 크기
- 선생님! → 50m 이내에 있는 사람이 들을 정도의 크기
- 선생님! → 100m 이내에 있는 사람이 들을 정도의 크기
- 선생님! → 100m 이상에 있는 사람이 들을 정도의 크기

이렇게 "선생님!"을 처음엔 기분 좋은 감정으로, 두 번째로는 화가 난 감정으로 연습한다.

③ 반가워하는 감정 표현 연습

우연히 지나가다 만난 것처럼 연습한다(얼굴 표정도 함께 연습한다).

방금 보고 또 만나 하는 인사말 : "어, 선생님 아니세요?"

며칠 만에 만나 하는 인사말 : "어, 선생님 아니세요?"

몇 달 만에 만나 하는 인사말 : "어, 선생님 아니세요?"

몇 년 만에 만나 하는 인사말 : "어, 선생님 아니세요?"

10년 만에 만나 하는 인사말 : "어, 선생님 아니세요?"

방금 보고 헤어졌는데 또 만났을 때의 인사말은 단순한 목소리로 말한다. 그러다 점점 반가움이 더해지면서 10년 만에 우연히 만나게 될 때는 매우 반가운 소리가 나와야 한다.

④ 감정 표현을 위한 대사 연습 문구

처음 연습을 시작할 때 학생들은 대본에 적힌 글을 단순히 읽는 경우가 많다. 대사 하나하나는 캐릭터의 성격을 드러내고 줄거리를 진행하는 중요한 요소다. 그러므로 감정을 넣어 대사를 말하는 훈련이 연습 초기에 필요하다.

처음에는 같은 대사를 엄숙한 장소에서 말하고, 한 번은 장난하듯이 말하며, 마지막 한 번은 강력히 부르짖듯이 말하는 등 다양한 감정을 표현하게 한다. 잘 되지 않는다면 잘하는 학생을 칭찬하면서 모두에게 시범을 보여주는 것이 좋다. 감정 표현을 위한 대사는 화술에 관련된 내용이므로 배역을 정하기 전 실제 대본을 가지고 연습하는 것도 좋은 방법이다. 실제 대본으로 연습하면서 배역을 누구에게 정해줄지에 대한 윤곽도 드러난다.

아직 정해진 대본이 없다면 국어 교과서에 있는 대본을 활용하는 것도 좋은 방법이다. 감정 표현을 연습하기 위해서는 학생들에게 다양한 감정을 제시해주고 그 감정에 따라 표정을 짓고 대사를 읽는 연습을 반복시키자. 학생들도 주어진 배역에 감정을 넣으면서 대사를 치는 것에 익숙해질 것이다.

⑤ 얼굴의 감정 표현 훈련

얼굴 표정은 대사의 분위기를 좌우하기 때문에 연기하려는 대사와 얼굴 표정이 일치해야 자연스럽게 보인다. 대사가 없더라도 감정은 연결되므로 얼굴의 감정 표현은 유지해야 한다. 연기가 미숙한 학생들은 대사 없이 감정을 유지하는 것이 익숙지 않기 때문에 얼굴의 감정 표현 훈련을 연습 초기에 하는 것이 좋다. 훈련하면서 부끄러움을 타는 학생이 있다면 집에서 거울을 보면서 할 수 있도록 숙제로 내주는 것이 좋다.

- 거울을 보면서 희, 로, 애, 락의 감정 표정을 연습한다.
- 발성과 발음 훈련 시 얼굴의 근육을 최대한으로 활용해 마음껏 표현한다.
- 여러 가지 웃음소리를 만들어 웃으면서 표정을 풍부하게 한다.
- 대사 훈련 시 풍부하게 얼굴 표현을 연출하면서 대사를 말한다.
- 우는 모습, 화가 난 모습, 고민하는 모습 등 풍부한 표정 연습을 한다.

연습 시간에 감정 표현 연습에만 치중하면 학생들이 부담을 느끼기

표정 연습을 하며 아이들은 감정을 표현하는 법을 배운다

때문에 발성, 발음 훈련과 마찬가지로 짧게 마치는 것이 좋다. 꾸준한 훈련이 반복될수록 감정 표현 연습과 행동선 긋기(Blocking)가 수월해지고 학생들은 재미를 느끼면서 뮤지컬을 즐기게 된다.

감정 표현은 한 번에 연습하기보다는 대사를 보며 행동선 긋기를 하면서 그때그때 연습하는 것이 효과적이다. 대본을 읽으면서는 감정 표현이 제대로 되지 않기 때문에 대본을 어느 정도 외우고 나서 훈련하는 것이 좋다. 또한 감정 표현에 대해서는 지도 교사가 일일이 지적하기보다는 학생에게 부족한 점을 알려주고 스스로 고칠 수 있도록 지도하자. 지도 교사가 모든 감정 표현에 대해 지적을 하면 연습 분위기가 경직될 뿐만 아니라 학생들이 연기에 자신감을 잃는다.

관객을 위한 매너, 무대 행동

학생들에게 뮤지컬을 하면서 가장 떨리는 순간을 꼽으라고 하면 대부분이 "무대에 서는 것"이라 대답한다. 무대는 평소와는 다른 자신의 모습을 관객에게 보여주는 곳이고, 공연 중 참가하는 학생 이외에는 설 수 없는 공간이다. 모든 관객의 시선이 집중되기 때문에 학생들은 물론 전문 배우들도 무대에 선다는 것은 쉬운 일이 아니다. 그러한 부담을 떨치고 당당하게 무대에서 공연을 함으로써 학생들은 큰 자신감을 얻는다.

무대에서의 행동은 평소 행동과는 달리 제약이 따르기 때문에 훈련이 필요하다. 학생들이 차근차근 무대 행동을 익힐 수 있도록 연습 초기에 한 시간 정도 무대 행동의 기초를 가르친 후 연습을 진행하자.

이때 지도 교사가 학생들에게 무대 행동에 대해 엄격하게 지적하는 경우가 있는데 그러한 지적이 계속되면 학생들이 위축되고 자신감을 상실할 수 있다. 초등학교 고학년 수준에서는 엄격하게 무대 행동을 지도하는 것보다는 연습하면서 학생들끼리 스스로 깨달을 수 있게 자유로운 분위기를 만드는 것이 효과적이다. 그러기 위해서는 평소 지도 교사는 학생들과 자연스럽게 대화하고 의견을 받아들이는 자세를 가져야 한다.

무대 위에서 지켜야 할 점은 다음과 같다.

① 시선 처리

무대 위에서 관객에게 등을 보이는 것은 최소한으로 줄인다. 등을 보이면 배우의 표정과 동작이 보이지 않고 배우의 목소리가 들리지 않을 수 있다. 대부분의 뮤지컬은 핀마이크를 착용하기 때문에 등이 보여도 목소리는 줄어들지 않지만 관객들에게 표정이 보이지 않는다는 단점이 있기에 학생들에게 얼굴은 항상 앞을 보는 습관을 기르도록 주지시킨다. 간혹 부끄러움을 많이 타서 공연할 때 얼굴을 들지 못하는 학생이 있는데, 무대에 있을 때 정면으로 관객을 보기보다는 15도 정도 위로 시선을 두게 해 관객의 시선으로부터 부담을 느끼지 않게 지도한다.

② 발을 끌지 않는다

학교에서는 슬리퍼 실내화를 착용하는 학생이 많다. 그렇다 보니 평소 슬리퍼를 끌면서 걷는 습관이 몸에 익은 학생이 있다. 무대 위에서 발을 끌면 관객들에게 불쾌감을 주게 되고 소리가 나기 때문에 대사 전달이 잘 안 된다. 학생들이 평소 걸을 때 신발을 끌지 않고 발뒤꿈치부터 걸을 수 있도록 지도한다.

③ 잔발이 많아서는 안 된다

잔발은 조금조금씩 움직이면서 걷는 것을 말한다. 관객이 바라보는 무대 위에서는 동작이 큼직해야 한다. 뮤지컬 공연 중 노래나 대사를 할 때 잔발이 많으면 어수선한 느낌이 든다. 학생들이 무대 위에서 이동을 할 때에는 큰 동작으로 이동할 수 있도록 지도해야 한다.

④ 불필요한 짝다리 자세 하지 않기

짝다리는 한쪽 다리가 기울어지거나 비뚤어져 안정되지 않은 상태를 말한다. 이러한 자세는 관객들에게 불안감을 주며 연기하다가 무대에서 넘어질 수도 있기 때문에 사고의 위험이 있다. 짝다리가 습관화된 학생은 뮤지컬 교육을 통해 바른 자세로 교정해야 한다. 짝다리는 극에서 필요한 장면이 아니면 하지 않도록 한다.

⑤ 대사 전달 속도

뮤지컬 공연은 관객에게 제대로 된 대사를 얼마나 잘 전달하는지가 중요하다. 노래는 정해진 박자와 음이 있어 훈련을 통해 빠르기를 유지하며 관객들에게 가사를 전달할 수 있다. 하지만 대사의 경우 무대에 선 학생들이 극도로 긴장하기 때문에 말의 속도가 **빨라**진다. 무대 위에서 말의 속도가 빠르면 관객에게 대사를 전달하는 데 어려움이 있으므로 평소보다는 느린 속도로 말할 수 있도록 지도한다. 또한 훈련했더라도 막상 공연에 들어가면 말의 속도가 **빨**라지는 경우가 많으므로 학생 스스로 연기하면서 말의 속도를 체크할 수 있는 훈련을 병행해야 한다.

⑥ 애드리브에 너그러워지기

애드리브(ad lib)란 공연 도중 돌발적인 상황에 대처해 말하는 즉흥적인 대사를 뜻한다. 상대 배우가 실수나 약속되지 않은 행동을 했을 때 멈추지 않고 재치 있게 대사를 말하는 것이 그 예이다. ♪

전문 배우들의 연극인 경우, 연출가의 스타일에 따라 조금씩 차이가 있지만 대부분 애드리브를 자제하고 철저히 약속된 행동으로 공연한다. 하지만 학생들이 뮤지컬 연습을 하다 보면 대사를 외우지 못하거나 행동선을 잊어 실수하는 경우가 빈번하다. 그럴 때 틀렸다고 바로 연습을 멈추고 다시 하는 것보다는 애드리브로 자연스럽게 넘어가도록 한다. 지도 교사는 학생들이 연습하면서 상대 배우가 실수하거나 대사를 잠깐 잊었을 때 순발력 있게 애드리브로

....
♪ 두산대백과사전 발췌

넘어갈 수 있도록 평소 지도하는 것이 좋다.

학생들이 애드리브를 하면서 더 좋은 대사와 이야기가 나올 때도 있다. 그럴 때는 그 애드리브를 새로운 대사로 채택하면 된다. 실제 공연에서는 전문 배우가 아닌 이상 학생들은 실수를 하게 되어 있다. 이때 평소 연습 시 애드리브로 넘어가는 습관을 익힌 상태라면 극도로 긴장된 상황을 즉흥적인 애드리브로 자연스럽게 넘길 수 있다.

앞서 이야기했지만 무대 행동의 기초는 배우가 무대에서 기본적으로 지켜야 하는 무대 매너이다. 공연 중에 크게 드러나지는 않지만 관객에 대한 세심한 배려 하나하나가 관객들로 하여금 공연에 대한 좋은 인상으로 남는다는 것을 무대에 오르는 학생들에게 알려 줄 필요가 있다. 관객을 위한 무대 행동들을 학생들에게 꾸준히 인지시키고 평상시 연습하면서 틀릴 때마다 훈련을 통해 자연스럽게 익히게 해야 한다.

알아두면 좋은 저작권 이해

대본이나 곡을 선정하는 데 있어 반드시 짚고 넘어가야 할 부분이 있다. 바로 저작권이다. 저작권이란 저작자의 권리와 이에 인접하는 권리를 보호하고 저작물의 공정한 이용을 도모함으로써 문화의 향상·발전에 이바지함을 목적으로 제정되었다. 저작권법상 학교에서 기존 작품으로 뮤지컬 공연을 할 경우에는 다음과 같은 저작권법의 적용을 받는다.

※ 저작권법 제17조(공연권)

저작자는 그의 저작물을 공연할 권리를 가진다.

※ 저작권법 제29조(영리를 목적으로 하지 아니하는 공연·방송)

① 영리를 목적으로 하지 아니하고 청중이나 관중 또는 제3자로부터 어떤 명목으로든지 반대급부를 받지 아니하는 경우에는 공표된 저작물을 공연 또는 방송할 수 있다. 다만, 실연자에게 통상의 보수를 지급하는 경우에는 그러하지 아니하다.

② 청중이나 관중으로부터 당해 공연에 대한 반대급부를 받지 아니하는 경우에는 상업용 음반 또는 상업적 목적으로 공표된 영상 저작물을 재생하여 공중에게 공연할 수 있다. 다만, 대통령령이 정하는 경우에는 그러하지 아니하다.

※ 저작권법 제13조(동일성유지권)

① 저작자는 그의 저작물의 내용·형식 및 제호의 동일성을 유지할 권리를 가진다.

② 저작자는 다음 각 호의 어느 하나에 해당하는 변경에 대하여는 이의(異議)할 수 없다. 다만, 본질적인 내용의 변경은 그러하지 아니하다.

1. 제25조의 규정에 따라 저작물을 이용하는 경우에 학교교육 목적상 부득이하다고 인정되는 범위 안에서의 표현의 변경

2. 건축물의 증축·개축 그 밖의 변형

3. 특정한 컴퓨터 외에는 이용할 수 없는 프로그램을 다른 컴퓨터에 이용할 수 있도록 하기 위하여 필요한 범위에서의 변경

4. 프로그램을 특정한 컴퓨터에 보다 효과적으로 이용할 수 있도록 하기 위하여 필요한 범위에서의 변경

5. 그 밖에 저작물의 성질이나 그 이용의 목적 및 형태 등에 비추어 부득이하다고 인정되는 범위 안에서의 변경

※ 저작권법 제12조(성명표시권)

① 저작자는 저작물의 원본이나 그 복제물에, 또는 저작물의 공표 매체
   에 그의 실명 또는 이명을 표시할 권리를 가진다.

② 저작물을 이용하는 자는 그 저작자의 특별한 의사 표시가 없는 때에
   는 저작자가 그의 실명 또는 이명을 표시한 바에 따라 이를 표시하여
   야 한다. 다만, 저작물의 성질이나 그 이용의 목적 및 형태 등에 비추
   어 부득이하다고 인정되는 경우에는 그러하지 아니하다.

2016년 저작권법이 강화되었다. 이에 한국저작권위원회에 학교 뮤
지컬 공연에 대한 문의를 한 결과 다음과 같은 답변을 받았다. ♪

Q 뮤지컬 교육을 하다 보면 학생들의 뮤지컬에 대한 교육 자료가 없는 우리
나라의 현실에서 **기존의 뮤지컬 곡을 번안해서 사용하는 것은** 학교 현장에서
는 뮤지컬다운 작품을 제작할 수 있는 유일한 방법입니다. 이 같은 교수 방
법이 **최근 강화된 저작권법에 위배가 되지 않는지요?**

A 뮤지컬 음원은 음악 저작물로서 저작권법의 보호를 받습니다. 따라서 원칙
적으로 음악을 이용하기 위해서는 음악을 창작한 사람에게 이용 허락을 얻고
이용해야 합니다. 다만, 일정한 경우에 특별한 요건을 충족하면 이용 허락을
얻지 않고도 음악을 이용할 수 있습니다.

....
♪ 한국저작권위원회로부터 받은 이메일 답신(2017. 2. 24.)

저작권법 제25조(학교교육 목적 등에의 이용)

① 고등학교 및 이에 준하는 학교 이하의 학교의 교육 목적상 필요한 교과용 도서에는 공표된 저작물을 게재할 수 있다.

② 특별법에 따라 설립되었거나 「유아교육법」, 「초·중등교육법」 또는 「고등교육법」에 따른 학교, 국가나 지방자치단체가 운영하는 교육기관 및 이들 교육기관의 수업을 지원하기 위하여 국가나 지방자치단체에 소속된 교육지원기관은 그 수업 또는 지원 목적상 필요하다고 인정되는 경우에는 공표된 저작물의 일부분을 복제·배포·공연·전시 또는 공중송신할 수 있다. 다만, 저작물의 성질이나 그 이용의 목적 및 형태 등에 비추어 저작물의 전부를 이용하는 것이 부득이한 경우에는 전부를 이용할 수 있다. 〈개정 2009. 4. 22., 2013. 12. 30.〉

③ 제2항의 규정에 따른 교육기관에서 교육을 받는 자는 수업 목적상 필요하다고 인정되는 경우에는 제2항의 범위 내에서 공표된 저작물을 복제하거나 전송할 수 있다.

위 조항에 따르면 초등학교에서 수업을 하기 위한 목적으로 이용하는 경우에는 복제, 배포, 공연, 전시 또는 공중송신할 수 있다고 되어 있으므로 수업을 하기 위해서 이용하는 것이라면 이용이 가능합니다.

따라서 초등학교 수업에 교육을 목적으로 음원을 이용하는 것이라면 저작권자의 이용 허락을 얻지 않아도 가능합니다.

번안이란 원작의 내용이나 줄거리는 그대로 두고 풍속, 인명, 지명 따위를 시대나 풍토에 맞게 바꾸어 고치는 것을 말하며, 필수적으로 원작의 변형을 수반합니다. 원저작물을 변형하는 경우에도 저작권자의 이용 허락을 얻어야 합니다. 하지만 25조의 조건을 충족한다면 번역, 편곡, 개작하여 이용할 수 있으므로 역시 이용 허락 없이도 이용이 가능할 것으로 보입니다.

저작권법 제36조(번역 등에 의한 이용)

① 제24조의2, 제25조, 제29조, 제30조 또는 제35조의3에 따라 저작물을 이용하는 경우에는 그 저작물을 번역·편곡 또는 개작하여 이용할 수 있다. 〈개정 2011. 12. 2., 2013. 12. 30.〉

학교에서의 공연이라고 하더라도 저작권자의 허락 없이 타인의 저작물을 공연할 경우에는 원칙적으로 저작재산권 중 공연권을 침해하는 것이 된다. 다만 예외적으로 저작재산권 제한 사유에 해당하는 경우에는 공연권 침해가 성립하지 않는다. 즉, 해당 저작물을 이용해 학교에서 비영리 목적의 공연을 함에 있어 청중이나 관중 또는 제3자로부터 어떤 명목으로든지 반대급부를 받지 아니하고, 공연의 출연자들에게 통상의 보수를 지급하지도 아니한 공연의 경우는 그러한 저작재산권 제한 사유 중 하나이다. 따라서 지도 교사가 교육적인 목적으로 사용하는 경우에는 저작권을 침해한 것으로 보기 어렵다.

다만 저작재산권이 제한되는 경우라고 하더라도 저작인격권에는 아무런 영향을 미치지 아니하므로, 공연자가 저작물을 그대로 공연하지 않고 수정하여 공연함으로써 그 동일성을 해할 정도에 이른다면 동일성유지권이라는 저작인격권의 침해가 문제 될 수 있고, 저작권자의 성명을 제대로 알리지 않은 경우에는 성명표시권의 침해가 문제 될 수가 있다.♪

즉, 저작물에 관해 교육적 목적으로 활용하는 것은 비영리이기 때문에 저작권에는 저촉되지는 않으나 뮤지컬을 발표함에 있어서 원작자를 밝혀야 하고, 작품을 크게 수정해서 원작의 작품성이 훼손되는 경우는 없어야 한다.

저작권은 점점 강화되고 있고 달라지기 때문에 상업적인 요소가 조금이라도 들어가는 공연에서는 반드시 저작권 확인이 필요하다. 한국저작권위원회 홈페이지의 저작권 자동상담 서비스를 활용하는 것이 가장 확실한 방법이다. 또한 교육적인 목적의 무료 공연이라고 하더라도 현재 공연이 진행 중인 작품에 대해서는 해당 저작물을 쓰는 것은 피하는 것이 좋다.

....
♪ 한국저작권위원회 저작권 자동상담 서비스에 의뢰한 답변(counsel.copyright.or.kr)

4장

대본, 안무, 노래,
연습 또 연습

대본 선정하기

① 대본 작업

뮤지컬에 있어서 대본은 중요한 요소이다. 학교에서의 뮤지컬 제작을 1년 농사에 비유한다면, 그해 어떤 대본을 선정하느냐는 어떤 종자를 심는지와 비견이 될 정도로 중요하다. 때문에 대본 선정이나 대본 창작 시 지도 교사는 심사숙고해서 결정해야 한다.

뮤지컬을 처음 시작하는 학교는 창작극을 올리며 수많은 시행착오를 겪는다. 첫 공연은 지도 교사와 학생들에게 경험을 쌓게 할 겸, 원작의 주제가 훼손되지 않게 재구성해서 쓰는 것도 좋은 방법이다.

② 대본 선정하기

대본 선정을 위해서는 많은 작품을 접해야 한다. 다양한 작품을 관람하고 접하면 그중에서 좋은 대본을 발견할 확률이 높다.

◆ 인터넷 사이트

가장 쉽게 대본을 발견할 수 있는 방법이다. 많은 사이트가 대본을 탑재

했는데 최근 저작권이 강화되어 폐쇄된 사이트가 많다. 기존 대본을 선정할 때에는 반드시 저작권을 확인해야 한다. 인터넷 자료를 대본을 쓸 때에는 원작자에게 메일을 보내 양해를 구하는 것이 예의이다.

◆ 예술의 전당

서울특별시 서초구 양재동에 위치한 예술의 전당에서 국내에서 공연되는 대본을 접할 수 있다. 예술 자료관 2층에는 한국문화예술진흥원에서 마련한 문헌 정보실이 있는데 이곳에서 대본을 열람할 수 있다(관람 시간 : 평일 09:00~20:00, 토요일 09:00~17:00). 필요한 대본은 복사할 수 있으나 상업적인 용도로 쓰지 않겠다는 서약서를 써야 한다.

◆ 영어 뮤지컬 교재

최근 영어 교육 다변화에 따라 초등학교 학생들을 대상으로 뮤지컬을 활용해 영어 교육을 시도하는 수업 방식이 우리나라에도 도입되었다. 서울의 일부 학원에서는 초등학생들을 대상으로 교육시켜 영어 뮤지컬을 시연하고 있다. 또한 영어 뮤지컬 시리즈도 출판되고 있는데 교재 안에는 대본, 그림, MR CD가 들어 있어 학교에서도 쉽게 적용할 수 있도록 구성되어 있다. 일부 시리즈에는 DVD로 초등학생들이 직접 시연하는 동영상이 포함되어 있다.

영어 뮤지컬 시리즈는 영어 교육이 목적이기 때문에 외국의 교재를 국내에 그대로 들여오는 수준에 머물고 있지만, 영어 교육 이외의 초등학생들의 뮤지컬 교육을 위한 교재는 현재 구하기 어렵기 때문에 처음 뮤지컬을 시도하는 학교에서는 유용하게 쓸 수 있는 자료이다.

③ 대본 선정 시 고려해야 할 사항

◆ 배역의 수

뮤지컬을 할 학생들의 수를 고려해야 한다. 약간의 차이는 어느 정도 수정이 가능하지만 대본에서 요구하는 인원이 너무 적거나 많은 경우에는 다른 대본을 선정해야 한다.

◆ 성별

뮤지컬 동아리는 희망하는 학생들 위주로 구성하기 때문에 성별이 한쪽으로 몰리는 경향이 있다. 초등학교 고학년에서는 여학생들이 남학생보다 더 많으며, 남자 중학교보다는 여자 중학교의 뮤지컬 동아리가 더 활성화되어 있다. 즉, 뮤지컬 동아리는 여초 현상이 심한 동아리 중에 하나이다.

작품을 정해 그 배역에 맞는 배우를 오디션으로 뽑는 일반 뮤지컬과 달리 학교 뮤지컬은 오디션 이후 성별을 고려해 대본을 정해야 한다. 여학생이 대부분인 동아리에서 남자 배역이 많은 작품을 선정할 경우 어쩔 수 없이 여학생에게 남장을 시키는 경우도 발생한다.

◆ 연령 수준

대본은 지도 교사가 구상하는 수준과 맞아야 한다. 초등학교에서는 학

극중 남자 분장을 한 여학생의 모습

년에 따라 공연의 내용을 이해하는 지적, 인지적 능력이 크게 차이 나기 때문에 학년에 따라 공연할 수 있는 수준이 매우 다르다. 또한 공연을 선보일 관객이 누구인지에 따라서도 수준이 달라질 수 있다. 대상 학년보다 수준이 높은 대본을 채택하면 공연을 이해하지 못하고 힘들어한다. 그렇다고 너무 수준이 낮은 공연을 하면 관객들은 지루하다고 불평하며 집중하지 못한다.

◆ 무대 수준

작품에 따라 요구하는 무대 수준이 다르다. 유명 뮤지컬은 많은 수의 스태프를 요구하기도 하는데 이러한 것은 학교 실정에 매우 어렵다. 조명, 음향, 무대, 소품, 의상도 공연의 일부이기 때문에 아무리 간단하게 하더라도 지도 교사 혼자서 구성하기는 불가능하다. 처음부터 높은 수준의 스태프를 요구하는 공연은 피하는 것이 좋다.

◆ 지도 교사의 구상

대본 선정에 있어 가장 핵심인 항목이다. 지도 교사는 공연을 준비하면서 연출의 역할을 수행하기에 대본을 선정할 때 연출의 의도와 잘 맞는지 고려해야 한다. 뮤지컬을 관객이 재미를 느끼는 희극으로 만들지, 교실의 풍경을 담을지, 아이들의 일상을 담을지, 학생들의 고민이나 교육 현실을 풍자하는 내용으로 만들지, 동화를 재미있게 꾸밀지 등, 전적으로 지도 교사의 의도와 맞게 대본을 선정해야 한다.

④ 창작 대본 만들기

연극 대본은 쉽게 구할 수 있지만 뮤지컬 대본은 관련 전문가가 아니면 구하기 힘들다. 특히 학교에서 무대에 올릴 수 있는 수준의 대본은 일부 영어 뮤지컬 대본을 빼면 없다고 해도 과언이 아니다. 그렇기 때문에 학교 현장에서 체계적인 뮤지컬 교육이 도입되기 전까지는 지도 교사가 직접 창작하는 것을 권장한다.

학생들의 창의성은 어른이 생각하는 것보다 훨씬 뛰어나다. 창작 대본을 만들기 위해 지도 교사 혼자서 끙끙거리는 것보다 학생들과 함께 만드는 것이 좋다. 이때 지도 교사는 학생들의 아이디어를 이끌어낼 수 있도록 해야 한다.

창작 대본을 만들 때 지도 교사는 학생들이 적극적으로 참여할 수 있는 틀을 마련해줘야 한다. 지도 교사가 아무런 준비 없이 창작 뮤지컬을 만들려고 한다면 학생들은 막막한 느낌을 받으며 아무런 의견을 내지 못한다. 큰 틀의 내용은 지도 교사가 미리 고민하는 것이 좋다.

예를 들어 학교에서 초등학교 5~6학년을 대상으로 학교 생활 중 즐겁거나 재미있었던 일을 한 가지씩 써보는 스토리 공모를 하면 학생들의 눈높이에 맞는 이야기를 많이 얻을 수 있다. 그중 주된 플롯에서 크게 벗어나거나 중복되는 내용은 걸러내고 뮤지컬 스토리가 될 만한 이야기를 선정해 대략적으로 큰 스토리를 구상한다.

아이들과 함께 공연을 만들 때 아이들의 장난스러운 말과 행동, 엉뚱한 상상이 간혹 공연에 필요한 결정적인 영감이나 아이디어를 제공하기도 한다. 더불어 교사가 어떤 상황을 제시했을 때 아이들의 눈높이에서 나오는 반응을 알 수 있는 좋은 자료가 된다. 결과물을 떠나서 공연을 만드는 과정에서 상담의 기초 자료를 확보하는 좋은 계기가 되기도 한다.

대본을 확정하는 일은 최종적으로 연출가의 선택에 달려 있지만, 공연 연출가와 교육자를 겸하는 교육 뮤지컬에서의 '지도 교사'는 아이들의 말 한마디에도 귀 기울이고, 그것을 다양한 방법으로 공연에 최대한 반영할 필요가 있다. 그 과정에서 학생은 교사와 주변 학생들이 경청하고 있음을 느끼고, 자신의 주장과 생각이 존중받고 있음을 확인한다. 나아가 내가 상상하는 대로 공연이 이루어진다는 대전제를 확인함으로써 잠들어 있는 무한한 상상력을 일깨우기도 한다.

대본 작성은 편한 분위기에서 이야기하듯 작성하자

자유롭게 대본을 읽어보는 아이들

작품의 주제와 인물 설정, 이야기 전개의 방향 등 큰 틀이 잡히면 세세한 대사는 학생들과 함께 만들면 된다. 학생들과 수다 떨듯이 이야기하면 학생들은 공감하며 실생활에서 쓰는 말들을 쏟아낼 것이다. 이때 지도 교사나 학생들 중 서기를 두어 적절한 대사를 적도록 한다.

학생들에게 스스로 작품을 창작한다는 것은 그 자체만으로도 흥분되는 일이다. 또한 지도 교사 스스로가 많은 공연을 직접 보거나 공연을 구상하면서 떠오르는 아이디어를 그때그때 적는다면 대본을 창작하는 데 많은 도움이 된다.

앞에서도 얘기했지만 대본 창작 시 학생들이 너무 막막해하면 다음 예시처럼 지도 교사가 큰 틀을 먼저 제시한 후 학생들과 대화를 나누면 된다.

큰 틀의 스토리 만들기

선생님 : 애들아, 오늘은 왕따에 대해서 만들어보자. 왕따를 왜 당할까?

학생 1 : 아무래도 공부를 못하거나 못생기거나.

학생 2 : 잘난 척하는 애들도 왕따를 당해요.

선생님 : 그럼 어떤 왕따를 주제로 하지?

학생 3 : 공부 못해서 왕따? 그건 좀 재미없을 것 같아요.

학생 1 : 그럼 뭘로 하죠?

선생님 : 왕따지만 너무 심각하게 말고 코믹하게 만들려고 하거든.

학생 2 : 친구들 싸움 붙이다가 왕따당하는 건 어때요?

학생 1 : 그것 재미있겠는데! 실제로 나 4학년 때 그런 애 있었어.

선생님 : 그래? 더 자세히 이야기해줄래?

학생 1 : 있지도 않은 이야기로 친구들끼리 서로 욕하게 하다가 그런 일이 있

었어요. (그다음은 그 일에 대해 신나게 떠든다.)

선생님 : 좋아~ '학생 1'이 해준 이야기를 조금 손보면 괜찮은 작품이 나오겠어.

세부 대사 만들기 과정

선생님 : 얘들아, 아침에 엄마가 너희를 어떻게 깨우니?

학생 1 : ○○아, 어서 일어나라!

학생 2 : 이놈의 기집애, 어서 일어나지 못해? (모두 웃음)

선생님 : 그래, '학생 2'의 대사가 좋겠구나. 그렇지?

학생들 : 네!

선생님 : 그럼 엄마가 그렇게 깨우면 뭐라고 답하니?

학생 3 : 엄마, 정말 날 사랑하면 5분만 더 자도록 해줘.

학생 4 : 아이~ 오늘은 개교기념일이야. (아이들 웃음)

선생님 : '학생 4' 대사가 재미있기는 한데, 지금은 아침에 등교하느라 바쁜

상황이니까 '학생 3'의 대사가 괜찮겠다.

이처럼 수다 떨듯이 이야기하다 보면 학생들은 물론 지도 교사도
재미있게 대본을 제작할 수 있으며, 학생들 역시 작품을 창작한다
는 즐거움을 느낄 수 있다. 그러나 자칫 분위기가 산만해질 수 있으

므로 대본 만드는 시간임을 학생들에게 주지시킨다.

이때 앞서 언급한 서기는 큰 틀의 대사와 세세한 대사를 적고 있어야 하며, 이후 정리된 것을 학생들에게 복사해주어 다음 연습 날까지 대본을 써오는 과제를 내주자. 글 솜씨가 좋은 학생들은 제법 구색을 갖춘 대본을 창작해온다. 지도 교사는 학생들의 대본을 취합해 창작 대본을 완성한다.

필자는 최근에 학생들을 팀별로 구성해 대본을 만들게 한다. 팀별로 대본을 작성할 때의 장점은 학생들이 서로 자유롭게 이야기하면서 대본을 작성하고 결과물을 지도 교사에게 제출한다는 것이다. 방법에는 두 가지가 있는데 첫째, 학생들을 팀별로 나눈 뒤 각기 다른 주제를 정해줘서 대본을 작성하게 하는 방법과, 둘째, 전체 이야기를 부분으로 나눠 팀별로 대본을 작성해 나중에 합치는 방법이다.

2017학년도 활동에서는 두 가지를 다 적용했다. 학생들의 애환을 담은 창작 뮤지컬 제작은 전체 주제를 정하고 팀별로 소주제를 줘서 각기 대본을 작성하게 한 다음, 이야기를 모아 작품을 완성했다. 또한 프랑스와의 교류 공연을 위해 영어 뮤지컬 〈미녀와 야수〉의 대본을 제작할 때는 학생들을 세 팀으로 구성해서 작품을 세 부분(처음, 가운데, 끝)으로 나눠 각기 대본을 작성하게 한 다음 합쳐서 대본을 만들었다(물론 영문 번역 전 한글 대본이다).

팀 구성은 학년별이나 친한 학생끼리 짝을 짓거나 무작위로 팀을 구성하는 등 다양한 형태로 할 수 있는데 이 과정에서 소외되는 학생이 생기지 않도록 지도 교사가 신경을 써야 한다. 필자의 경우는 기존 부원과 신규 부원을 적절히 섞어서 자연스럽게 기존 부원의 대본 작성 노하우를 신규 부원이 익히도록 유도한다. 친한 친구끼리 팀을 짜는 것은 팀 내에서 친하지 않은 학생을 소외시킬 수 있기 때문에 되도록 지양한다.

팀이 구성되었으면 팀별로 글 잘 쓰고 성실한 학생을 팀장으로 임명해서 팀원들과 함께 작성한 대본을 팀장으로 하여금 워드로 정리해서 지도 교사에게 이메일로 제출하게 한다. 이 단계까지 학생들이 하게 된다면 지도 교사는 대본을 제작하는 데 정리하는 역할만 할 뿐이다. 지도 교사의 역할이 작으면 작을수록 작품에는 학생들의 생각이 자연스럽게 담김으로 인해 큰 자부심을 갖게 된다.

대본을 골랐거나 창작(뮤지컬은 노래 가사 포함)한 후에는 대본을 읽으면서(reading) 전체적인 내용을 파악해야 하며, 대본과 인물 분석을 통해서 작품의 분위기나 틀을 설정해야 한다.

대본과 인물을 어떻게 분석하는지에 따라 작품의 분위기가 달라진다. 예를 들어 일반적으로 〈흥부와 놀부〉에서 흥부는 착하고 놀부는 악하다고 평가한다. 하지만 다른 시각에서 보면 놀부는 천성이 착하고 재테크에 능한 유능한 형이고, 흥부는 아무런 대책 없이 산다는 평가도 있다.' 지도 교사의 작품 의도에 따라서 놀부는 사랑하는 동생인 홍부를 위해 일부러 모질게 굴었다는 내용도 가능하다. 이렇듯 작품과 인물을 어떻게 분석하느냐에 따라서 뮤지컬의 전체 내용이 달라지는 것이다.

그러기에 대본과 인물 분석은 뮤지컬을 공연하는 데 있어 중요한 작업 중 하나이다. 학생들은 작품을 분석하는 활동을 통해 대본을 쉽게 이해할 수 있으며 이는 국어 교과의 문학 작품을 분석하는 학습에 도움이 된다. 대본과 인물 분석은 대본을 읽는(reading) 단계에서 학생들의 적극적인 참여를 유도해 이야기하듯이 자연스럽게 설정하면 된다. 리딩(reading) 단계는 2~3일이면 충분하다.

대본은 한 번 정해졌다고 해서 고정되는 것은 아니다. 연습 과정에서 언제든 변동될 수 있으며 때로는 새로운 내용이 들어갈 수도 있다. 따라서 공연을 제작하는 데 있어서 대본에 의지하기보다는 연습 과정에서 학생들이 자유롭게 의견을 내면서 대본을 수정해나가는 것이 좋다. 공연이 가까워지고 연습이 반복될수록 대본은 자연스럽게 필요 없게 된다.

⑤ 대본 읽기

모두 모인 자리에서 대본을 읽는 것은 극의 전체적인 내용과 분

....
♪ 김선희, 〈흥부전 인물의 신고찰〉, 한양대학교 교육대학원 석사 학위 논문, 1984

위기를 파악하려는 목적이 있다. 대본을 읽을 때에는 지도 교사와 학생 모두가 원형으로 모여 앉아 읽는 것이 효과적이다. 대본 읽기란 단순하게 책 읽는 것이 아니다. 교과서 읽듯이 딱딱하게 읽으면 학생들은 금방 질린다. 대본을 읽을 때에는 다음의 단계를 거쳐 읽는 것이 효과적이다.

1단계 한 페이지씩 읽기. 동그랗게 앉은 상태에서 시계 방향이나 반시계 방향으로 돌아가며 한 페이지씩 읽는다.

2단계 한 대사씩 돌아가면서 읽는다. 대사가 길건 짧건, 한 대사씩 읽으면 학생들은 다음 대사는 어떨까 궁금해하며 대본을 읽는 데 집중한다. 처음에는 책 읽듯이 하다가 다음은 감정을 넣어가며 읽는다.

3단계 마지막으로 배역을 정해가며 읽는다. 처음 대본을 접하는 학생들은 주인공의 대사를 주로 읽으려고 하는 경향이 있기에 학생들에게 골고루 기회를 주며 대본을 읽는다. 배역을 정해가며 읽는 단계에서는 얼마 후 있을 캐스팅(배역 선정)을 염두에 두고 학생들을 관찰하는 것이 효과적이다.

⑥ 대본에 대한 질문

대본 분석은 대본에 대한 해석이다. 지도 교사와 학생들이 대본을 어떻게 설정하고 해석하는지에 따라 뮤지컬부의 운영 방향과 극의 내용이 달라진다. 실제 전문 뮤지컬에서도 같은 대본이라도 극의 전개와 내용이 다르다. 대본 분석은 지도 교사 혼자 하는 것보다 학생들과 함께 토론하며 하는 것이 효과적이다.

지도 교사는 뮤지컬 대본에 대하여 학생들이 자유롭게 이야기할 수 있는 분위기를 만들어준다. 대본 분석의 첫 단계는 대본을 읽고 질문을 던지며 토론하는 것이다. 줄거리와 각 캐릭터의 성격에 대해 학생들과 토론해 설정한다. 이는 학생들에게 토론 수업을 경험하게 하는 효과도 얻는다. 질문을 통해 연출자인 지도 교사와 배우인 학생은 작품 전체에 대한 통일된 이미지를 확립한다.

⑦ 캐릭터 설정

대본 분석으로 전체적인 배경을 설정했으면 등장인물을 캐릭터화 해야 한다. 캐릭터 설정을 어떻게 하는지에 따라 관객에게 주는 메시지가 달라진다. 가령 이순신 장군이 등장하는 드라마는 그동안 많이 제작되었다. 같은 이순신이라도 '나라에 대한 맹목적인 충성', '전투의 천재', '왕의 견제를 받으면서도 자신의 군대를 꾸리는 CEO형 장수' 등 저마다 다른 모습의 이순신이 탄생했다.

대본을 읽으면서 선생님과 학생들은 인물 분석 단계에서부터 적극적으로 토론하고 합의해야 한다. 학생들은 인물 분석을 통해 대본 속 캐릭터를 창조하고, 자신이 하고 싶은 역할을 결정하고 캐릭터에 애착을 갖는다.

지도 교사가 학생들에게 작품에 등장하는 인물들의 구체적인 생활사를 적어오라고 과제를 내주고 제출한 과제를 보관하는 것도 좋은 방법이다. 대본에는 쓰여 있지 않지만 등장인물이 했을 만한 취미, 종교, 즐거운 추억, 나쁜 기억 등을 그 인물의 마음이 되어 일기를 쓰도록 과제로 내주는 것도 캐릭터를 분석하고 이해하는 데 효과적이다.

뮤지컬에서 인물 분석 방법은 다음과 같다. ♪

◆ 인물의 목표 찾기

아무리 작은 역을 수행하는 등장인물이라도 무대 위에 등장하는 까닭이 있으며, 작품 속에서 원하고 꿈꾸는 자신의 목표가 있다. 인물의 목표가 분명할수록 등장인물의 상호 관계와 갈등이 선명하게 보이고, 내용 또한 풍부해진다.

◆ 목표에 따른 인물의 행동 찾기

목표를 달성하기 위한 등장인물의 구체적 행동을 찾아 목표를 위해 얼마나 노력하는지 그 강도를 계산한다. 인물 간의 성격은 각기 다른 행동에서 극명하게 차이가 나기 때문이다.

....
♪ 차태호, 《뮤지컬 연출》, 엠애드, 2006, 81쪽

◆ 내면 세계 찾기

인물의 목표와 행동은 그 인간이 지니는 내적 세계로부터 출발한다. 가족 관계와 유전적, 환경적, 사회적 조건을 설정한다.

◆ 외적인 조건 정리하기

중요한 인물 분석으로 인물의 구체적인 상을 정리한다. 예를 들면 연령, 키, 몸짓, 몸무게, 얼굴 생김새, 신발 치수 등이 있다. 학생들이 지금과 같은 캐릭터 창조 과정 속에서 '자기화'시킬 수 있는 정보를 구축하는 과정이다.

◆ 사회적 조건 정리하기

등장인물의 직업, 교육 정도, 환경, 종교, 사회적 위치, 가족 관계 등을 설정한다.

대본과 인물 분석이 끝나면 공연 전체에 대한 어느 정도의 구상이 완료된 것이다. 그러나 대본과 인물 분석이 끝났다고 해서 대본 읽기가 끝난 건 아니다. 대본 읽기는 행동선 긋기 작업에 들어갈 때까지 계속되어야 한다. 지도 교사는 학생들이 대사를 익힐 때까지 하루에 대본 두세 번 이상은 읽을 수 있도록 지도해야 한다.

캐릭터 설정을 처음부터 확정할 필요는 없다. 앞의 내용대로 대략적으로 설정하고 연습하는 과정에서 배우가 스스로 캐릭터 설정을 하고 배역에 몰입하는 것이 좋다. 학생들에게 맡은 배역에 대한 권한을 주고 스스로 설정하도록 지도하자.

⑧ 대본 수정

대본을 정했다고 그 대본 그대로를 공연 때까지 유지하기는 학생들의 활동이 유동적인 학교 실정에서는 불가능하다. 학교 뮤지컬에서의 대본은 항상 상황에 맞게 수정되어야 하며, 연출자인 지도 교사와 배우인 학생들의 생각과 느낌이 그대로 녹아 있어야 한다. 때문에 공연을 올리기 직전까지 대본은 수정이 될 수 있다. 지도 교사의 생각과 현실적 여건을 감안하여 원래의 대본에 대해 삭제와 편집을 할 수 있는데, 주로 다음과 같은 경우에 대본 수정을 한다.

◆ 적절한 삭제나 축소

지나치게 길고 반복적이라고 생각되는 장면을 삭제하거나 줄일 수 있다. 전체의 줄거리 또는 인물의 성격이나 심리를 이해하는 데 도움을 주거나 주제를 암시하는 중요한 대사가 아닐 경우에는 적절한 삭제나 축소는 전체적인 극의 흐름을 원활히 하는 데 도움을 준다.

◆ 관객의 입장 고려

작품의 주제와 밀접한 관련이 없으면서 관객들의 이해를 방해하거나 저항감을 주는 대사는 수정 또는 삭제할 수 있다. 학교 현장에서는 교육적인 측면이 강조되기 때문에 되도록이면 비속어나 방언을 삼가는 것이 좋다. 특정 종교에 관한 대사는 유독 민감하게 반응하는 학부모가 있어 오해를 살 수 있는데, 이 부분을 제대로 수정하지 않으면 학부모 항의로 문제가 커질 수 있다. 또한 외국 작품이나 지나간 시대의 작품일 경우 등 관객들이 보기에 이해가 어려운 대사나 행동은 수정 또는 삭제될 수 있다.

⑨ 배역 조정

필요한 배역을 오디션을 통해 뽑는 전문 뮤지컬과 달리 희망 학생을 받는 학교 뮤지컬에서는 현실적으로 대본에 있는 배역의 숫자를 맞추기는 어렵다. 대본에 비해 학생들의 숫자가 적으면 비중 없는 배역을 삭제하는 작업이 필요하고, 반대로 학생이 많을 경우에는 배역을 늘리는 작업이 필요하다. 기본적으로 뮤지컬을 하기로 결심한 학생들은 배역에 대한 욕심이 강하기 때문에 배역에 관한한 민감하게 반응한다. 그러므로 지도 교사는 뮤지컬 활동을 하는 학생의 실태에 맞게 배역을 조정해야 한다.

보통 초등학교에서는 여학생이 남학생보다 무대에 서려는 욕구가 강하기 때문에 뮤지컬 활동을 희망하는 학생은 여학생이 많다. 이렇듯 배역의 남녀 비율이 맞지 않는 경우에는 대본의 남녀 구성 비율을 조정해야 한다. 배역 조정은 캐스팅 전에 끝내는 것이 좋다.

캐스팅하기

캐스팅(casting)은 연극이나 영화에서 배역을 정하는 일을 말한다. 학교에서의 캐스팅은 전문 뮤지컬 극단의 오디션과 같은 과정이다. 뮤지컬 오디션 과정에서 이미 배역이 정해졌거나 대본 읽기 과정에서 배역에 관한 학생들의 합의가 된 상태면 캐스팅을 따로 할 필요가 없지만 배역이 정해지지 않은 경우에는 캐스팅이 필요하다.

대본 분석이 끝난 후(창작극 같은 경우는 대본을 완성) 대본 읽기까지 끝났으면 이제 캐스팅을 해야 한다. 학생들로서는 가장 긴장되는 순간이다. 학생들은 여러 번의 대본 읽기를 통해 자신이 어떤 배역을 할지 마음속으로 정했을 시점이다. 가장 이상적인 상황은 아이들의 맡고 싶은 배역이 모두가 달라서 각자가 원하는 배역을 맡는 것이다. 학생들 모두가 하고 싶은 배역을 맡게 되면 캐스팅은 할 필요가 없다.

그러나 욕심 있는 학생은 주인공이나 비중이 큰 배역을 하고 싶어 한다. 그렇기에 캐스팅 시간을 따로 두고 공정한 기준에 의해 배역을 정하는 것은 중요한 일이다. 캐스팅을 학생들 스스로가 의논해서 정하도록 하는 방법도 있지만, 그럴 경우 평소 인기 있고 발언

권이 큰 학생이 일방적으로 주요 배역을 맡을 수 있기에 그렇지 않는 학생에게 피해가 간다. 특히 여학생은 캐스팅 과정에서 감정이 상하면 겉으로는 표현하지 않지만 연습하는 내내 불편한 감정을 담아두기도 한다. 심할 경우 뮤지컬 활동을 중도에 그만두기 때문에 캐스팅 과정에서 지도 교사가 적극적으로 개입해 공정하게 배역이 정해질 수 있도록 지도한다.

더불어 캐스팅을 실시하기 전에 교사는 뮤지컬이 집단 활동이고, 연출가와 스태프, 배우가 각자의 역할에 충실했을 때에 비로소 전체가 빛을 발한다는 점을 강조할 필요가 있다. 또한 영화나 드라마 등에서 연기를 훌륭히 하는 조연이 주연보다 더 큰 존재감으로 극을 이끌어가는 예를 제시하거나, 앞으로 극을 주로 이끌어가야 할 주연이 가질 책임과 부담에 대해서도 확실히 인지시켜서 마음의 준비를 하도록 하는 것도 좋은 방법이다.

종종 캐스팅이 완료된 후에도 불만이 있는 학생들이 있다. 비중이 낮은 배역을 맡은 학생이 불만을 가지면 대사나 배역의 비중을 늘려주거나 코러스의 역할을 부여하는 등 다양한 방법으로 신경 써주며 자부심을 심어주는 것은 차후 지도 교사의 역할이다.

① 캐스팅에서 고려해야 할 사항

첫째, 학생의 희망 배역은 무엇인가?

둘째, 희망 배역에 관한 성격 분석은 잘 되어 있는가?

셋째, 희망 배역의 대사를 잘 소화할 수 있는가?

넷째, 학생의 연기가 배역과 잘 맞는가?

다섯째, 뮤지컬은 배우의 노래가 우선적으로 고려되어야 한다. 배역의 노래에 맞게 음이 올라가거나, 음색이 맞는가?

여섯째, 안무 동작이 들어갈 경우 춤 동작에 관한 것도 고려해야 한다.

일곱째, 중요 배역을 맡길 만큼 성실한가?

② 캐스팅 과정

지도 교사는 처음 오디션을 봤을 때와 비슷한 분위기를 만들어준다. 우선 학생들에게 희망 배역을 3지망까지 쓰게 하고 다양한 방법으로 테스트한다. 지도 교사는 가능한 편안하고 유쾌한 분위기를 이끌어내어 아이들이 긴장하지 않고 최선을 다할 수 있는 분위기가 되도록 애써야 한다. 캐스팅 과정은 학교와 부서 상황에 따라 다양하게 정할 수 있다. 다음은 현장에서 적용한 캐스팅 순서이다.

- **1단계 :** 희망 배역에 대한 리딩
- **2단계 :** 희망 배역에 관련된 상황극 부여

- **3단계 :** 지도 교사의 희망 배역에 관한 질문(배역에 관한 이해도 테스트)

- **4단계 :** 배역의 노래나 움직임 테스트

이 같은 과정들을 거쳐 캐스팅이 끝나면 드디어 본격적인 연습에 돌입할 수 있다. 이제부터 학생들은 확정된 배역에 깊은 애착을 가지고 연습하게 될 것이며, 지도 교사는 학생들 스스로가 맡은 배역에 관한 캐릭터를 만들 수 있도록 지도한다.

캐스팅을 통해 배역이 정해지고 나서는 어쩔 수 없는 경우를 제외하고 배역을 바꾸는 일은 되도록 자제해야 한다. 연출자 입장에서는 작품의 완성도를 위해 중간에 주요 배역을 더 잘하는 학생에게 주고 싶기도 할 것이다. 그럴 경우 마음에 들지 않은 배역을 맡게 된 학생이 상처를 받고 동아리를 탈퇴하는 경우가 발생할 수 있다. 배역 오디션을 통해 정해진 배역은 끝까지 가야 하며, 그렇기 때문에 처음 배역을 정할 때는 신중해야 한다.

배역을 결정할 때 학생들과 함께 결정하는 것은 좋은 방법이고 권장할 만하다. 하지만 학년이 높거나 평소 인기가 많은 학생에게 선호하는 배역이 집중될 수 있다. 친한 친구끼리 서로 좋은 배역을 가지려고 학생들 간에 담합하는 경우도 생긴다. 그러면 자연스럽게 그렇지 못한 학생이 피해를 입게 되므로 지도 교사가 객관적인 기준을 가지고 배역을 공정하게 정해야 한다.

본격적으로 연습하기

① 대사 연습

캐스팅을 마쳤다면 뮤지컬을 올리기 위한 본격적인 연습이 시작된다. 그 첫 번째 작업이 대사 연습이다. 대사 연습 시 지도 교사의 중요한 역할 가운데 하나가 학생이 주어진 대사를 바르게 해석하고 효과적으로 전달하는지 지켜보고 지도하는 것이다. 대사 연습의 중요한 요소인 발성과 발음이 잘 되어야 하며 대사에 캐릭터의 감정이 잘 녹아나야 한다.

이미 앞의 과정에서 연습한 내용이기에 학생은 어느 정도 기초는 잡혀 있을 것이다. 기초가 어느 정도 되면(학생들 공연이기에 너무 높은 수준을 요구하지 않음) 다음에는 각 대사를 해석해야 한다.

대사는 글로만 쓰여 있을 뿐 아직 제대로 해석되지는 않은 상태이다. 대본 속 대사는 단순한 글이지만 여기에 배우의 음성이 더해지며 관객에게 의미를 전달한다. 배우가 어떤 상황과 어떤 심리 상태를 가지면서 대사를 사용하는지에 따라 관객에게 전달되는 의미는 달라진다. 지금 이야기하고자 하는 방법은 정진수의 《연극과 뮤지컬의 연출》에 기술된 내용을 현장에 맞게 재구성한 것이다.

◆ 강조하기(emphasis)

모든 대사에는 반드시 키워드(key word)가 있다. 하나의 문단에는 키가 되는 문장이 있고, 하나의 문장 또는 구절에는 키워드가 있다. 어느 단어를 강조하느냐에 따라 그 말의 의미가 확연하게 다르다. ♪

- **내** 생각에 선생님이 우리와 함께 소풍 가실 가능성은 별로 없어 보여.

  (다른 사람들은 그렇게 생각하는 모양이지만.)

- 내 **생각**에 선생님이 우리와 함께 소풍 가실 가능성은 별로 없어 보여.

  (물론 내 생각이 틀릴 수도 있지만.)

- 내 생각에 **선생님**이 우리와 함께 소풍 가실 가능성은 별로 없어 보여.

  (다른 사람이 함께 소풍을 갈 거 같다.)

- 내 생각에 선생님이 우리와 함께 **소풍 가실** 가능성은 별로 없어 보여.

  (소풍 말고 다른 활동을 할 것 같다.)

- 내 생각에 선생님이 우리와 함께 소풍 가실 가능성은 **별로** 없어 보여.

  (약간의 가능성은 있다.)

학생들에게 어떤 단어를 강조하는가에 따라서 의미가 달라질 수 있음을 알려준다. 또한 대본을 보면서 문장마다 키워드(핵심 단어)에 줄을 치게

....
♪ 정진수, 《연극과 뮤지컬의 연출》, 연극과 인간, 2004, 172쪽

하면 대사를 연습하는 데 효과적이다. 관객 입장에서도 강조하는 것은 극을 이해하는 데 많은 도움을 준다. 키워드를 강조하는 방법은 음을 높이거나 다른 단어보다 약간 끌면 된다.

◆ **억양**(inflection)

억양은 한 단어 내에서 모음의 음고를 올리거나 내리는 것을 말한다. 어떤 억양을 쓰느냐에 따라 대사의 의미가 강하게 전달된다.

- 올리는 억양 : 그래? 정말? 누구? 뭐라고? (의문, 불확실성, 중단의 느낌)
- 내리는 억양 : 좋아! 그래! 알았어! 또 봐! (결정, 완결, 확실의 느낌)
- 올렸다 내렸다, 내렸다 올렸다 : 그래~요? 오늘~요? 도대체? 그럴~ 수가?
  (대사의 음악적 의미를 강조)

같은 말이라도 어떤 의미를 전달해야 하는지에 따라 연습의 포인트가 달라진다

◆ 휴지(pause)

휴지는 대사를 끝내고 잠시 멈추는 것을 말한다. 극적 긴장감을 높일 때 유용한 방법이며, 관객의 집중을 유도해서 그 뒤에 올 대사나 행동을 강조하기도 한다. 단, 이 방법은 이미 공연에 능숙한 전문적인 배우들이 쓰는 방법이기 때문에 학생이 휴지를 쓸 때에는 사전에 약속되어야 한다.

휴지는 대사의 처음과 끝보다는 중간 부분에 쓰는 것이 좋다. 자칫 잘못하면 관객이 배우가 대사를 잊은 것이라 생각할 수도 있기 때문에 웬만하면 쓰지 않는 게 좋긴 하다. 뮤지컬 노래 속에서도 능숙한 배우는 노래 중간 포인트가 되는 가사를 일부러 반 박자 느리게 시작해 관객의 주목을 끌기도 한다.

◆ 다양성(variety)

배우가 똑같은 음으로 대사를 말하면 관객들은 배우가 책을 읽는 것 같다는 느낌을 받을 것이다. 대사는 다양성을 보여주어야 한다. 그래야 관객들이 지루한 느낌을 갖지 않고 흥미 있게 극을 관람할 수 있다. 특히 관객이 초등학교 저학년인 경우에는 공연을 관람하는 데 참을성이 없는 편이다. 대사를 지루하게 할 경우 주위가 산만해지기 시작해 어느새 관객석 전체가 웅성거리기 시작할 것이다.

방송에서 초등학생이 인터뷰하거나 연기하는 장면에서 종종 국어책 읽듯이 어색하다고 느낀 적이 있을 것이다. 이유는 간단하다. 음의 다양성이 부재하기 때문이다. 학생들이 대사 연습을 하면서 음의 다양성을 주는 훈련을 병행해 실감나게 대사를 구사할 수 있도록 하자.

대사의 다양성은 다음의 네 가지 요소에 변화를 주어야 한다. ♪

- **음고(pitch)의 변화** : 낮은 음고는 대체로 진지함, 권위, 좌절감, 깊은 감정을 표현하고, 높은 음고는 흥분, 불안, 경박함, 신경질 등을 표현한다. 잦은 음고의 변화는 변덕스럽고 충동적이며 감정적인 인물에게 어울리며, 음고의 변화가 많지 않은 인물은 차분하고 신중하고 침울한 성격에 어울린다.

- **음량(volume)** : 음량을 점점 키우는 것이나 점점 낮추는 것은 극이 클라이맥스로 치달을 때 흔히 쓰는 방법이다.

- **템포(tempo)** : 대사를 말하는 속도를 템포라고 하는데 빠른 템포는 가볍거나 코믹한 작품에 어울리고, 느린 템포는 슬픈 내용의 작품에 어울린다. 빠르거나 느린 템포를 적절히 섞어가면서 대사를 해야 관객의 긴장감을 유지시킬 수 있다.

- **음색(quality)** : 음색은 간단하게 이야기하면 사람들마다 각자 가지고 있는 목소리이다. 배우는 맡은 배역의 캐릭터나 감정에 따라 맞는 음색(목소리)을 내야 하지만 학생들은 처음 연기를 접하면서 적합한 음색을 내는 것은 쉽지 않다. 때문에 지도 교사가 해당 학생이 배역에 맞는 목소리를 낼 수 있도록

♪ 정진수, 《연극과 뮤지컬의 연출》, 연극과 인간, 2004, 176쪽

학생으로부터 다양한 목소리를 청취한 후 조언해야 한다. 이는 인물의 성격을 표현하는 데 가장 효과적이며 내면의 감정을 연기하는 데에도 도움이 된다.

대사를 연습하면서 학생들은 절대 프로가 아니라는 것을 명심해야 한다. 학생들에게는 연습하고 무대에 섰다는 것만으로도 큰 교육적 효과가 있다. 완벽하게 대사를 구사할 것을 강조하면 부담만 줄 뿐이다.

학교에서 뮤지컬부를 구성한 이유는 학생들이 뮤지컬을 통해 교육적 효과를 얻도록 하기 위해서이다. 굳이 대사 연습을 완벽하게 하는 것을 의식하지 않아도 된다는 말이다. 그러나 관객들에게 좀 더 호평을 받고 더 큰 성취감을 얻고자 한다면 앞에 설명한 방법들로 대사에 신경을 쓰는 것이 좋다. 대사 연습은 처음에는 대본을 펼쳐놓고 하는 것으로 시작해 본격적인 행동선 긋기(블로킹)를 할 때 지도 교사가 틈틈이 지도하는 것이 효과적이다.

② 행동선 긋기(blocking)

대사 연습이 어느 정도 끝난 뒤에는 서서 하는 연습으로 들어가야 한다. 이제 본격적으로 무대 위에서 연기하는 과정이 시작되는 것이다. 행동선 긋기는 블로킹(blocking) 연습이라고도 하는데 여기서 'block'은 '구역'이란 영어 단어로, 공연 때 배우들이 무대 위에서 매 장면마다 위치할 구역을 정한다는 뜻에서 나온 말이다.♪ 마치 도화지에 그림을 그릴 때 선을 긋는 것처럼 무대 위에서의 행동을 선으로 긋는다는 의미다.

가장 이상적인 블로킹 연습은 공연할 장소와 같은 넓이의 연습실에서 하는 것이다. 여건이 되지 않는다면, 학교 현장에서는 불가능하기에 교실에서 마치 공연하는 것처럼 대사와 함께 동작까지 연습해보자.

행동선 긋기는 시간이 많이 소요되는 작업이다. 초등학교 학예회처럼 짧은 시간에 공연을 올리거나 초등학교 저학년 학생이나 특수교육 대상 학생 등 스스로 행동선을 긋지 못하는 학생들이 공연하

행동선 긋기는 넓은 교실에서 하는 것이 좋다

....
♪ 정진수, 《연극과 뮤지컬의 연출》, 연극과 인간, 2004, 178쪽

는 경우는 지도 교사가 사전에 행동선을 구상해야 한다.

사전 행동선 긋기는 지도 교사가 한 번 짜기만 하면 의도대로 무난하게 연습을 진행할 수 있지만, 학교 뮤지컬에서 가장 큰 교육적인 효과인 학생들의 창의성을 발휘하기는 힘들다. 때문에 충분한 시간과 의지가 있으면 사전 행동선 긋기를 하지 않고, 학생들과 함께 행동선 긋기를 짜는 것이 좋다. 초등학교 고학년 정도 되면 함께 행동선을 그으면서 다양한 의견을 말할 것이다. 이러한 학생들의 아이디어는 좋은 참고 자료가 된다. 학생들 역시 의견을 내면서 자신이 맡은 캐릭터에 많은 애착을 가진다. 사후에 행동선을 긋는 것은 많은 연습 시간과 시행착오의 과정이 필요하지만 학생들의 창의력과 자발성에 기초해 더욱 생동감 있는 공연을 만들 수 있다.

◆ 학생들에게 행동선 긋기가 필요한 이유

첫째, 행동선 긋기는 무대 공간에 배우들의 위치를 정해주는 일이다. 아무리 연기력이 있는 학생이라고 해도 객석에 앉은 관객의 시각에서 바라볼 수 없기 때문에 이 일은 아이들뿐 아니라 무대 전체를 바라보는 지도 교사가 해야 할 일이다.

둘째, 배우가 대사를 말할 때와 중요한 반응을 보일 때 그의 얼굴이 관객에게 잘 보이도록 하기 위해서도 행동선 긋기가 필요하다. 배우의 얼굴은 가장 표현이 풍부한 신체 부분이며 대부분 친구나 학부모인 관객은 그의 얼굴을 보고 싶어 한다. 이때 중요한 대사를 말하는 배우가 잘 보이도록 배우들을 잘 배치해야 한다.

셋째, 학생들로 하여금 자연스럽게 하나의 무대에서 다른 쪽으로 옮겨 가도록 하기 위해서 행동선 긋기는 필요하다. 학생들은 무대 위에서는 어떻게 해야 할지 몰라 발걸음을 떼지 못하는데 이때 지도 교사가 학생의 위치를 잡아주고 관객 입장에서 이야기해줌으로써 학생을 돕는다.

◆ 행동선 긋는 방법

지도 교사와 학생들이 대본을 보면서 연구하는 것이 효과적이다. 처음에는 대본을 보며 연기하지만 점차 대사에 행동을 넣어주는 것을 반복하면서 자연스럽게 행동선을 긋고 익힐 수 있도록 한다.

주요 장면에 관해서는 지도 교사가 미리 구상하고 학생들에게 지도할수 있지만 세세한 부분에 있어서는 학생들의 의견을 물어보고 들어주는 것이 효과적이다. 하루에 극 전체의 행동선을 긋는 것은 불가능하고 또한 기억하지 못한다. 때문에 페이지를 나누거나 부분을 나눠서 집중적으로 행동선을 긋고 연습하는 것이 좋다.

행동선에는 세세한 것도 고려해야 한다. 예를 들면 무대 위의 두 사람이 가까이 서 있으면 서로 호감을 가지는 관계로 보이고, 떨어져 있으면 소원한 관계로 관객은 이해할 것이다. 때문에 어느 대사를 할 때 어디로 위치하고, 또 어떤 대사를 할 때 장소를 옮기는지 정해야 한다.

행동선 긋기는 연기뿐만 아니라 뮤지컬 노래도 포함된다. 처음에는 큰 행동선 긋는 것으로 시작해서 나중에는 세세한 동작으로 들어간다. 이때 지도 교사가 너무 꼼꼼하게 학생들에게 행동선을 지시하면 학생들은 교사의 지시를 외우는 데 급급해 부담을 느낀다. 지도 교사는 큰 틀에서만 행동선을 잡아주고 세세한 부분은 학생들 스스로 만들도록 유도하는 것이 좋다. 또한 학생들의 학년, 극의 수준, 준비 시간에 따라 행동선 긋기 지도 방법을 유연하게 편성, 운영해야 한다.

◆ 행동선 긋기가 진행되고 나서

행동선 긋기 작업이 끝났으면 연기에 관한 대략적인 구상은 끝났다. 이제 반복적으로 연습하면서 학생들과 다양한 아이디어를 찾아내며 적용하는 과정이 남았다. 지도 교사는 학생들이 연기하면서 말하는 느낌을 절대 놓치지 말아야 한다. 지금까지의 과정에서 학생들은 맡은 배역에 대해 애착을 가지고 충분한 동기 유발이 되었기 때문에 자신이 맡은 배역에 대해 고민하고 캐릭터를 설정한 상태일 것이다.

뮤지컬을 시작했다가 그만두는 학생은 대부분 초기에 발생하기 때문에 행동선을 긋는 단계까지 왔다면 지도 교사와 학생들은 이미 뮤지컬을 무대에 올린다는 공감대가 형성되어 있을 시기이다. 지도 교사는 평소 정규 교과 수업 중에는 학생들에게 엄격하게 교수 활동을 할 수 있다. 하지만 뮤지컬 동아리 활동 중 행동선 긋기 단계에 이르러서는 학생들과 수평적인 관계로, 학생들의 의견을 존중하며 높은 자유도를 주어야 한다.

음악

① 곡 선정 및 가사 만들기

뮤지컬에서 음악은 극 전체의 분위기를 구성하거나 관리할 수 있으며, 극의 전개를 미리 예상하기도 하고, 역설적인 대조를 부여할 수도 있다. 많은 경우 한 장면을 지배하는 분위기가 대조적인 음악으로 인해 중화되거나 뒤바뀔 수도 있다. 이렇듯 극 중의 분위기를 좌우하는 주체적인 요소로서의 역할 역시 음악이 담당한다.♪

뮤지컬의 핵심은 바로 음악이다. 그렇지만 학교 현장에서 작곡할 수 있는 교사는 지극히 제한되어 있기 때문에 뮤지컬 작곡과 편곡을 하는 것은 어려운 작업이다. 뮤지컬 음악은 학교 현장에서 대중화되고 있는 교육 연극과는 달리 뮤지컬이 학교에서 교육적으로 적용되지 못한 이유이기도 하다.

작곡가에게 의뢰해 자체 제작하면 많은 예산이 들기 때문에 뮤지컬 관련 예산 지원을 받지 못하는 학교에서는 창작 공연을 하는 데 한계가 있다. 학교 뮤지컬 활성화를 위해서 저작권에 위배되지 않

♪ 서복란, 〈뮤지컬에서 음악이 극에 미치는 효과 연구〉, 세종대학교 석사 학위 논문, 2009

으면서도 다양한 음악을 쓸 수 있는 방법을 강구해야 한다.

예를 들면 교육부나 교육청 차원에서 예산을 투입해 사용이 허락된 음원을 학교에서 쓸 수 있도록 음원 DB 시스템을 도입하는 것도 한 방법이다. 뮤지컬 교육 활성화를 위해 짚고 넘어가야 할 문제이다.

▶ 학교 내의 활동에서 곡 가사를 개사하는 것에 대한 저작권 해석 ◀

학생들의 뮤지컬에 대한 자료가 없는 우리나라의 현실에서 기존의 뮤지컬 곡을 번안해서 사용하는 것은 학교 현장에서 뮤지컬다운 작품을 제작할 수 있는 유일한 방법이기도 하다. 이것이 최근 강화된 저작권법에 위배되는지 여부를 한국저작권위원회에 문의한 결과는 다음과 같다.

한국저작권위원회 해석

저작자는 저작물의 내용, 형식 및 제호(표제, 제목)의 동일성을 유지할 권리를 가집니다.

즉, 저작물의 내용, 형식 또는 제호가 제3자에 의하여 무단히 변경, 삭제됨으로써 동일성이 침해되는 일이 없도록 이의를 할 권리가 저작자에게 보장되어 있습니다. 이 권리가 저작인격권 중의 하나인 동일성유지권입니다.

타인의 저작물을 수정 또는 변경할 경우에는 이러한 동일성유지권의 침해가 문제 될 수 있습니다. 다만, 저작권법은 이에 대한 여러 가지 예외 사유를 인정하고 있습니다.

귀하의 경우와 같이, 학교 또는 교육기관이 그 수업 목적상 필요하다고 인정되어 공표된 귀하의 저작물을 방송하거나 복제하는 경우의 표현의 변경에 해당하는 것도 바로 그와 같은 예외 사유 중의 하나입니다. 결국 귀하의 경우에는 다른 사람이 귀하의 저작인격권 중 동일성유지권을 침해하지 않은 것으로 보입니다.

학교의 교육 활동 내에서의 곡의 사용은 저작권의 예외 사유로 두고 있으나 3장에서 언급했다시피 영리성이 없고 원곡의 동일성을 크게 해치지 않는 범위 내에서 사용해야 하며, 팸플릿이나 언론기관에 작품에 대한 소개를 할 때에는 원작이나 작곡가를 언급하는 것이 저작자에 대한 예의이다.

② 뮤지컬 곡 확보

뮤지컬을 위해 만든 곡으로 가장 뮤지컬다운 노래이지만 악보와 MR을 구하는 것은 힘든 현실이다. 대형 서점을 통해 뮤지컬 악보를 구입할 수 있는 경우도 있으나 극히 일부 작품에 한정되어 있다.

다행히 최근 뮤지컬 열풍에 따라 뮤지컬 악보와 MR을 판매하는 인터넷 사이트가 생겼다. 그곳을 통해 유명 뮤지컬 악보와 MR, 음악 CD를 구할 수 있으며 온라인상으로 둘러보고 주문할 수 있다. 인터넷 사이트에도 없는 악보는 현실적으로 구하기 힘들다. 국내 창작 뮤지컬의 거의 대부분이 여기에 해당한다. 현재 중·고등학교 학생들이 자생적으로 뮤지컬 동아리를 만들어 공연을 올리곤 하는데, 우리나라 창작곡은 쓰지 못하고 유명 외국 뮤지컬 곡만 쓰는 이유이기도 하다.

외국 사이트를 찾거나 일부 뮤지컬 관련 인터넷 동호회에서 악보를 따로 소장하는 경우가 있기 때문에 도움을 시도할 수 있지만, 학교 현장에서 업무를 제쳐두고 그 같은 작업을 할 수 있는 교사는 극히 한정되어 있다. 또한 뮤지컬 곡은 높은 연주 수준을 요구하기 때문에 학생이 피아노로 연주할지의 여부를 잘 선택해야 한다. 기존의 뮤지컬 곡은 전문 연주가를 위한 악보로 학생이 연주하기엔 높은 수준이기 때문에 학생의 수준에 맞게 편곡해야 연주가 가능하다.

앞서 언급했다시피 최근 저작권 문제가 많이 불거지고 있다. 때문에 사용하려고 하는 뮤지컬 곡이 현재 공연 중인 뮤지컬이라면 해당 단체에 양해를 구해야 한다. 가장 이상적인 방법은 뮤지컬 저작권을 가진 기획사의 허락을 받고 MR을 사용하는 방법이다. 2013년 교육부 학생 뮤지컬 사업단에서는 뮤지컬 기획사와 연계해 학교에서 20~30만 원을 기획사에 지불하면 정식으로 뮤지컬 곡을 사용할 수 있는 중재 프로그램을 시도했지만 학교에서는 중재 프로그램 사용 빈도가 적고, 저작권 관계로 기획사에서 꺼려해 실패했다.

학교 현장에서는 외부 강사가 기존 곡을 가져와 교수하는 경우가 있으며 마니아들 사이에 활성화된 뮤지컬 카페나 유튜브 사이트를 통해 구할 수 있는 방법이 있다.

교육부의 학생 뮤지컬 사업에 지정된 학교 중에는 예산을 들여 정식으로 작곡을 의뢰해 제작한 곡을 소유한 곳도 있다. 정식 공문을 통해 곡 사용을 요청하면 제작된 곡을 사용할 수 있다. 공문 내용에는 활용 목적과 원저작자 표시, 공연 날짜 등이 명기되어야 하는데, 정식 공문을 보내도 곡 제공을 거절하는 학교도 종종 있다.

③ 일반 가요

학생들에게 친숙한 곡을 뮤지컬에 쓰면 학생들은 곡을 쉽게 익힐 수 있다. 음원 또한 쉽게 구할 수 있다. 일반 가요는 상업 뮤지컬에서도 '주크박스 뮤지컬'이라는 이름으로 분류된다. 하지만 알려진 곡이기 때문에 잘못하면 뮤지컬이 아니라 노래 발표 대회가 될 수도 있다.

신나는 분위기에서는 댄스곡이 적합하고 슬프거나 조용한 분위기에는 발라드곡도 좋다. 모든 노래를 가요로 하기에는 부담스럽기 때문에 기존 뮤지컬 곡을 혼용해서 쓰는 것이 좋다.

④ 동요

학교 현장에서는 가장 쉬운 방법이다. 교과서에 있는 동요는 반주하기도 쉽고 가사를 바꿔 따라 부르기가 수월하다. 교육적인 목적의 뮤지컬이나 동화를 주제로 한 뮤지컬에 적합하지만 고학년이나 성인 관객의 취향에 맞지 않을 수 있으므로 편곡하는 것이 좋다.

⑤ 곡 선정 기준

차태호의《뮤지컬 연출》이라는 책에서는 뮤지컬 곡을 선정할 때 다음과 같은 사항을 체크한다.

- ☑ 노래를 부르게 될 배우의 음역
- ☑ 노래 분위기
- ☑ 노래를 부르는 장소와 시간
- ☑ 노래를 부를 때 배우의 감정 상태
- ☑ 노래를 부르는 대상
- ☑ 노래를 부를 때 배우의 신체적 위치(빠른 곡은 위치에 따라 제약을 받음)
- ☑ 노래를 부르게 되는 시점
- ☑ 작품에서 차지하는 노래의 비중
- ☑ 무대와 조명과의 관계(화려한 조명이 필요한 곡인지 생각해야 함)
- ☑ 연주가 가능한 곡인지 확인(MR이 있는 경우는 상관없음)

⑥ 뮤지컬 음악 구현 방법

◆ 피아노나 악기로 라이브 연주

피아노 연주에 맞춰 노래를 부르는 것은 MR에 맞춰 노래를 부르는 것보다 큰 매력을 갖는다. 무대에서 가수들이 노래를 할 때에 라이브와 립싱크의 차이와 비슷하다.

라이브 연주를 위해서는 더 많은 준비가 필요하다. 먼저 연주하는 학생의 실력이 뛰어나야 하고, 연주 속도와 타이밍도 따로 지도해야 한다. 무엇보다 연기자와 호흡이 맞아야 하기 때문에 피아노 반주를 맡은 학생은 거의 매일 연습에 참여해야 한다. 연주하는 학생을 음악 스태프로 임명해 음악과 관련된 부분을 맡기면, 담당 학생은 지도 교사에게 음악적인 부분에 관해 떠오른 아이디어를 조언하기도 한다.

◆ 연주곡(MR)

연주곡이 있으면 연주에 대한 고민은 하지 않아도 된다. 가장 큰 문제는 지도 교사와 학생이 MR 곡을 구하기가 쉽지 않다는 것에 있다. 앞서도 말했지만 외부 강사가 뮤지컬 곡을 가져오는 방법과 뮤지컬 전문 카페나 관련 사이트를 통해 구할 수밖에 없다. 직접 연주해서 녹음하는 방법도 있지만 전문 스튜디오에서 녹음하지 않는 한 음질이 떨어진다.

⑦ 가사 만들기

전문 뮤지컬은 가사가 정해지면 작곡가가 곡을 붙이는 형태로 제작되지만 학교 현장에서는 반대의 과정을 거쳐야 하는 것이 현실이다. 우선 곡을 선정했으면 뮤지컬 내용에 맞게 가사를 붙여야 한다. 가사를 붙이는 작업은 학생들과 함께하는 것이 좋으며 연주 담당 스태프가 있다면 함께 참여하여 가사를 붙이는 작업을 한다.

가사는 극본과 음악의 가교 역할을 하며 가사의 운율과 리듬과 글 뜻은 음악뿐 아니라 뮤지컬 작품 전체 내용을 전달하는 데 중요한 역할을 한다. 가사 만들기, 즉 작사의 아이디어는 대본에서 얻어야 한다. 대본을 읽으면서 가사가 떠오르는 대목에 밑줄을 치며, 대본에는 따로 나타나 있지 않지만 읽으면서 느낀 감정을 가사로 쓸수도 있다. 지도 교사와 학생들은 함께 대본을 읽고 이야기를 나눈 후 가사를 채택한다. 가사를 쓸 때는 서둘러 확정하지 말고 다른 단어나 운율이 생각나는 대로 바꿔서 불러본다.

뮤지컬 노래는 보통의 노래보다 더 크게 가사에 의존하며 극의 상황과 스타일에 맞아야 한다. 노래는 부르는 배우의 성격에 맞아야 하고, 극의 줄거리를 진전시키는 극적인 역할이 부여된다. 학교별 환경이나 지도 교사의 성향에 따라 방법을 달리할 수 있지만 필자가 현장에서 적용한 방법은 다음과 같다.

- 곡이 쓰일 대본의 일부분을 정밀 분석(극의 분위기 파악)

- 인물의 성격과 심리 상태를 분석

- 노래를 통해 어떤 대사를 전달해야 하는지 분석

- 미리 선정한 곡을 반복해서 들려줌

- 구절마다 몇 글자의 단어가 들어갈지 계획

- 글자 수에 맞춰 한 구절씩 가사를 붙이기

- 노래를 새로 붙인 가사로 불러보며 맞지 않는 부분은 수정

안무와 노래 연습

① 안무

안무는 뮤지컬을 3차원적 예술로 끌어올리는 데 필요한 핵심적인 요소로, 보다 다채로운 표현을 가능하게 한다. 또한 내용 전개와 심리적 묘사를 부각시키는 중요한 역할을 담당하고, 보편적 언어로써 대사나 음악으로 표현할 수 없는 극적 상황을 관객들이 쉽고 빠르게 이해할 수 있도록 시각화한다. ♪

학교 현장에서 뮤지컬을 제작하는 데 있어 초등학교 학생이 안무까지 완벽하게 하기는 어렵다. 하지만 간단한 동작 위주로 안무를 제작하면 얼마나 완성도 높게 시간을 투자하느냐에 따라 수준이 달라진다. 학생들에게 뮤지컬 전문 배우만큼의 안무를 기대할 수는 없지만 잘 만든 안무는 뮤지컬의 수준을 끌어올려준다.

안무는 단지 무용만 하는 것이 아니라 연출의 의도에 따라 노래, 조명, 의상, 분장, 소품 등을 총동원해 결합하는 과정이기도 하다.

....
♪ 정미례, 〈뮤지컬에서의 안무가 역할에 관한 연구〉, 한남대학교 석사 학위 논문, 2005

학교에서는 고난이도의 기술을 구사하기보다는 관객이 봤을 때 그 장면이 그렇게 만들어지는 것이 최상의 방법이라고 느끼게 해주는 것이다.

학생들이 대사와 노래를 외우며 안무까지 하는 것은 생각보다 어려운 일이다. 학생들은 전문 배우와는 달리 교과 학습이 주를 이루면서 뮤지컬부 활동을 하기 때문에 안무까지 완벽하게 익히는 것은 어렵다. 또한 지도 교사가 안무를 짜고 학생을 지도하는 데는 많은 시간이 걸린다. 안무는 연기의 일부가 되어야 하며, 노래를 부르면서 간단한 동작을 하는 선에서 지도하는 것이 효과적이다.

반면 안무를 만들고 연습하는 과정은 노래를 익히는 데 도움이 되며 안무도 연기의 일부이기 때문에 안무가 꼭 학생들에게 부담을 주는 것만은 아니다. 단, 관객의 입장에서 보자면 소극적인 안무는 뮤지컬의 질을 떨어트리는 요인으로 작용한다.

어느 장면을 단지 대사로만 처리할지 노래로 표현할지, 노래하면서 어떤 동작(안무)을 넣을지 말지는 지도 교사와 학생들이 함께 노래를 부르며 선택한다. 어느 쪽을 선택하든 구성원이 함께 선택한 것이 최상의 방법이라는 원칙에 입각해서 결정해야 한다.

제대로 된 안무를 만들기 위해서는 기능을 보유한 지도 교사가 아니면 외부 강사에게 의지하는 것이 좋다. 뮤지컬 전문 배우 출신 강사는 스스로 안무를 제작할 수 있지만 연극이나 가창을 전문으로 하는 강사는 안무에 부담을 느낀다.

초등학교에서는 안무의 비중을 높이 두지 않고 단순한 동작으로 안무 동작을 만드는 것이 좋고, 중·고등학교에서는 전문 강사를 쓰거나 학생들로 하여금 스스로 만들 수 있도록 해야 한다.

② 안무의 기본 요소

안무의 기본 요소♪는 차태호의 《뮤지컬 연출》의 내용을 참고해 학교 현장에 맞게 이야기하겠다.

◆ 연속적인 연관성을 가지는 정적인 자세

춤이라기보다는 하나하나의 동작이 노래와 어우러져 이어지는 동작을 말한다. 특별한 기술이 필요 없고, 동작이 간결하기 때문에 간편히 만들 수 있다. 춤을 따로 배울 수 없는 학교에서는 노래 구절 하나하나에 동작을 넣어 자연스럽게 안무가 되도록 만든다.

◆ 움직임의 상승

움직임이 연결되면서 점점 절정으로 치닫는다. 댄스 가수와 같은 동작이다. 동작 하나하나에 따로 춤이 들어가기 때문에 힘든 작업이지만, 곡이 2~3개 정도 되는 짧은 뮤지컬 공연에는 시도해볼 만한 요소이다.

....
♪ 차태호, 《뮤지컬 연출》, 엠애드, 2006, 147쪽

◆ 기계적인 동작

기계적으로 춤 동작이 반복된다. 리듬에 따라 춤을 추듯 동작을 반복하는데 스포츠댄스의 동작이 이와 유사하다. 학교에서 스포츠댄스를 배울 수 있는 여건에서는 시도할 만한 동작이지만, 동작이 너무 격렬할 경우 노래하는 학생들에게 큰 부담을 줄 수 있다.

◆ 안무 작업 시의 유의 사항♪

- 안무 연습이 군무, 듀엣, 솔로 순으로 진행되는가?
- 안무의 동작과 구도가 연출의 시각적인 개념과 일치하는가?
- 안무의 동작과 구도가 음악의 리듬과 템포, 극적 긴장감과 일치하는가?
- 안무 동작이 배우의 가창에 불편함을 주는가?
- 안무 동작이 무대 의상과 일치하는가?
- 춤의 연결이 배우들의 정서와 감정 상태를 잘 표현하도록 연결, 결합되어 있는가?

③ 안무 만들기 순서

1. 대본 읽기의 과정을 통해 배역의 성격 이해와 안무 구상
2. 노래를 분석하고 음과 리듬에 맞는 동작 찾기
3. 각각의 동작을 자연스럽게 연결하기
4. 노래와 안무 동작을 함께 실행하며 어색한 부분 수정하기

....
♪ 차태호, 《뮤지컬 연출》, 엠애드, 2006, 148쪽

안무 연습은 뮤지컬 연기, 노래와 함께 이루어져야 한다. 초등학교에서의 안무는 춤을 가르칠 수 있는 강사가 있지 않는 한 전문적인 안무는 어렵다. 포털 사이트에 올려져 있는 UCC에는 수많은 안무 자료가 있기 때문에 안무를 짜는 데 참고하면 유용하다.

④ 노래와 안무 연습하기

본격적으로 연습을 시작하는 단계에서 노래와 안무 연습은 뮤지컬을 준비하는 지도 교사가 신경 써야 할 부분이다. 뮤지컬에서 배우의 가창력이야말로 관객들을 감동시키고 뮤지컬로서 돋보이는 가장 중요한 수단이다.

아이들의 노래는 관객에게 전하는 꽃과 같다

◆ **음악 연습에 대한 체크 사항** ♪

- 배우가 작품 전체의 흐름 속에서 각 노래의 위치를 파악하고 있는가?

- 배우가 자신이 창조해야 할 인물의 성격을 충분히 이해하고 있는가?

- 배우가 어떠한 상황에서, 누구에게 노래하고 있는가?

- 노래 부를 때 배우의 감정은 적절한가?

- 노래 부를 때 연기 동작과 춤 동작이 불편하지 않은가?

- 가사 전달은 무리가 없는가?

- 배우의 목소리가 노래와 잘 어울리는가?

- 합창곡에서 충분한 성량과 에너지가 표출되는가?

- 솔로 곡에서 배우의 감정을 충분히 드러내고 있는가?

- 미술 및 조명, 의상으로 연기자들을 도와줄 수 있는가?

지도 교사는 노래별로 음악의 특징과 연기자의 가창력, 무대 장치와 조명, 음향 관계, 그리고 무대 전환 등을 고려해 배우가 노래 부르는 위치와 구도를 결정해야 한다. 연습 과정에서 학생들과 함께 의논하며 결정하는 것을 권장한다. 일반적으로 뮤지컬에서 주인공의 솔로 곡은 무대 중앙 전면에서 부르게 하며, 코러스의 합창은 무대 중앙, 듀엣 곡은 좌우 움직임을 갖게 하는 것이 보통이다.

....
♪ 차태호, 《뮤지컬 연출》, 엠애드, 2006, 143쪽

⑤ 독창 연습

뮤지컬 노래를 독창으로 부를 경우 전적으로 독창하는 배우에 맞게 노래가 되어야 한다. 연주하는 학생이 있을 경우 연주자 역시 배우에 맞게 연주할 수 있게 훈련되어 있어야 한다.

지도 교사와 학생들은 곡과 가사를 분석한 뒤 그 노래가 나오는 장면과 연관 지어 배우 본인의 장기를 살릴 수 있도록 알맞은 극적인 의미를 찾아야 한다. 아무래도 뮤지컬을 처음 접하는 학생들은 노래가 시작되면 연기를 중단하고 노래만 연습하려는 경향이 있다. 지도 교사는 학생이 노래를 부르면서 자기가 맡은 극중 인물의 성격과 심리, 동기와 목표, 태도와 습관에 이르기까지 노래로 표현하도록 유도해야 한다.

뮤지컬에서의 독창은 독창회가 아니라 작품 속의 일부에 지나지 않는다. 아무리 곡이 훌륭하다 하더라도 곡 자체 때문이 아니라 작품 전체 속에서 그 곡이 차지하는 의미로 관객에게 다가가야 한다.

⑥ 코러스 연습 방법

반 전체 학생을 대상으로 창의적 재량 시간을 활용해 뮤지컬 특화 수업을 할 때에는 반 구성원 중 소극적인 성격이거나, 기타 다른 이유로 무대에 나서기 싫어하거나, 방과 후 학교나 학원에 가야 하는 등 꾸준히 연습에 참여할 수 없는 학생들이 발생한다. 뮤지컬 동아리는 이런 학생을 제외하고 운영할 수 있지만 반 전체 학생을 대상으로 할 때에는 특정 학생을 빼놓고 연습할 경우, 해당 학생에게 의도치 않은 상처를 줄 수도 있기에 무리가 따른다. 이 경우 그 학생들로 코러스를 두어 극중에서 잠깐이라도 참여할 수 있게 하는 것이 좋다.

예를 들면 대사를 외우지 않더라도 코러스가 되어 교실 안에서 자연스럽게 떠드는 장면은 연습이 많지 않아도 가능하다. 전문 뮤지컬에서의 코러스는 많은 연습이 필요하지만 학교 현장에서는 비교적 간단한 동작을 통일해 모두가 참여할 수 있는 코러스를 만드는 것이 효율적이다.

뮤지컬에서 코러스를 제대로 적용해서 완성하면 웅장한 분위기의 뮤지컬이 가능하다. 코러스 연습에 들어가면 학생들의 음역을 잘 파악해 가장 편안한 음역에 배치해야 하는데 공연히 욕심내서 높은 음역에 배치하면 목이 쉴 염려가 있다.

노래를 부르기 전에는 피아노로 한 줄씩 연주해서 들려주되 템포를 무시하고 천천히 연주하면서 음역별로 따라 부르게 하여 악보상의 정확한 음을 기억하도록 해야 학생들이 집에서도 혼자 연습할 수 있다. 이렇게 코러스 하모니 연습을 시킨다.

⑦ 안무 연습

안무 연습은 행동선 긋기에서부터 시작된다. 행동선을 그으면서 노래를 부르는 위치, 가사에 따른 춤 동작의 위치를 학생들에게 지정해줘야 한다. 미리 고안한 안무를 반복해서 연습시킬 수도 있지만 안무 역시 학생들의 아이디어가 중요하기 때문에 연습하다가 즉석에서 안무를 짜는 것도 가능하다.

처음 춤 동작을 짤 때에는 지도 교사가 음악 없이 가사를 천천히 말하며 시범을 보이면 학생들이 따라 하게 지도한다. 이후 서서히 템포를 빨리 하며 음악과 함께 연습시킨다.

안무가 확실히 정해졌으면 학생들에게 안무 동작을 반복 연습시킨다. 반복 연습이 충분히 자리를 잡으면 마지막에는 미세한 부분까지 실현될 수 있도록 필요한 감정을 실어 단순한 춤이 아니라 연기로써 표현되게 한다.

그 정도 수준이 되려면 충분한 반복 연습을 통해 안무 동작이 몸에 익게 해야 한다. 다만 연습 초반부터 이를 학생에게 강조하면 자신감을 잃기 쉽다. 또한 학생의 안무를 계속 지적하면 노래하는 배우에게 부담을 주므로 칭찬하면서 익히게 하는 것이 효과적이다.

그리고 가사가 잘 전달되어야 하기 때문에 가능한 학생의 얼굴이 객석을 향하게 동작을 짜야 한다. 노래의 극적인 의미를 항상 염두에 두어야 하며, 장치나 의상을 활용할 수 있는 방법이 있는지 생각해보고, 가사 속에서 배우의 표정과 동작을 이끌어낼 수 있는지 고민해야 한다.

지도 교사가 노래와 안무 연습을 진행하는 것은 어렵다. 결국 강사를 따로 써야 하는데 강사를 구하는 것이 쉽지도 않을뿐더러 몇 시간 연습을 위해 안무를 짜주고 연습을 진행하는 강사는 더더욱 구하기 힘들다. 때문에 안무와 노래 파트를 맡을 강사가 필요하면 처음 동아리를 만들 때부터 함께 학생들을 지도해야 한다. 예를 들면 지도 교사 외에 안무 강사가 처음부터 함께 지도하는 것이다. 이때 두 시간 중에 한 시간은 공연에 관한 준비를 하고, 나머지 한 시간은 안무의 기초를 익히는 방식의 운영이 필요하다.

예술 강사는 시간당 비용이 4~6만 원이 발생한다. 여러 시간을 묶어서 수업하는 것을 선호하기 때문에 격주로 지도하거나 파트를 두 개로 나누어 지도하는 방법으로 운영할 수도 있다. 이 모든 것은 결국 예산과 연결되므로 예산이 풍족하지 않은 경우는 유튜브 영상을 활용할 수 있다. 요즘 웬만한 영상은 유튜브에 다 있다. 또한 안무는 학생들이 좋아하는 댄스 가수의 안무를 넣어 만들게 할 수도 있다.

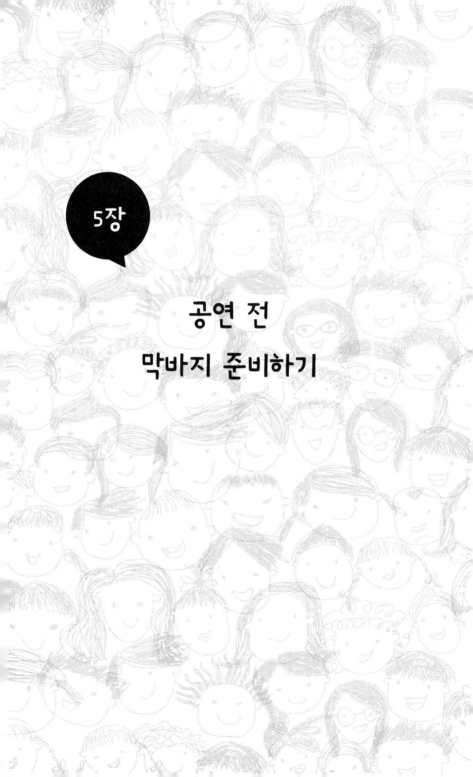

5장

공연 전
막바지 준비하기

소품 준비하며 만들어보기

소품의 원래 뜻은 소도구이며, 연극이나 영화 따위에서 무대 장치나 분장에 쓰는 작은 도구류를 통틀어 이르는 말이다. 소품의 위치에 따라 학생들의 행동선이 달라지기 때문에 행동선을 긋고 나서 빠른 시간 안에 소품을 준비하는 것이 좋다. 학생이 직접 소품을 만지며 위치를 익혀야 하기 때문이다.

필요한 소품이 우리 생활 주변에 있으면 학생들로 하여금 가져오게 한다. 만약 주변에서 구할 수 없는 경우는 소품을 구입하거나 제작해야 한다. 소품을 구입할 경우에는 비용이 많이 들기도 하지만 무엇보다 쉽게 구하기 때문에 학생들이 소품의 소중함을 느끼지 못한다. 지도 교사와 학생들이 함께 소품을 제작하면 서로 간의 유대감이 강해지고 학생들은 큰 성취감을 얻을 수 있다.

- 학교에서 소품은 잃어버리기 쉽기 때문에 따로 보관하는 장소를 마련해야 한다.
- 공연 전 소품이 빠지지 않았는지 반드시 체크한다.

■ **무대 미술의 사례 1** - 작품 창작 및 연습 단계에서 작품에 대한 학생들의 발상 및 아이디어 구체화에 도움이 되는 활동

수모형을 붙여 등장인물 만들기

찰흙으로 등장인물 만들기

■ **무대 미술의 사례 2** - 구체적인 소품 제작 계획이 나온 후 학생들과 함께 소품을 제작하는 활동

폐품을 활용해 소품 만들기(뮤지컬 〈교실 라이온 킹〉의 얼룩말)

무대 배경 그리기(뮤지컬 〈교실 라이온 킹〉에서 꿈을 말하는 장면의 배경)

2015년도 지역 연합 뮤지컬단의 연출을 맡았을 때, 대극장 공연의 하이라이트로
함께 만든 대형 태극기를 무대 배경으로 활용하기도 했다

■ **무대 미술의 사례 3** - 무대 소품 및 배경뿐만 아니라 현수막, 홍보 동영상 등 무대

밖에서 필요한 물품을 직접 학생들과 제작하는 활동

2016년도 지역 연합 뮤지컬단의 창작반 기획 및 운영을 맡았을 때에는 디자인반 선생님과
학생들이 함께 '경남 교육 뮤지컬 페스티벌'의 현수막을 직접 그려 제작하기도 했다

- 학생들에게 자기 소품은 스스로 챙기게 하고 공연 중에 배치하게 하는 것이 효과적이다.
- 소품 스태프를 둔 경우에는 대본을 준 후 소품이 어디에 배치될지 표시하게 한다. 막과 막 사이에 소품 이동이 필요한 경우 소품 스태프에게 임무를 맡긴다.
- 암전(조명을 끈 깜깜한 상태)에서 소품을 교체해야 할 경우 야광 테이프로 표시해놓는다.
- 소품의 핵심은 외형이다. 같은 모양의 소품인데 일부러 비싼 물건을 살 필요가 없다.
- 큰 규모의 소품(예를 들면 문이나 나무)을 만들기 위해서는 종이 박스나 스티로폼이 유용하다. 주변에서 쉽게 구할 수 있고 무게가 가벼워 운반하기 편하다.
- 옷은 안 쓰는 부직포나 버린 천을 이용해서 만드는 것이 좋다.
- 스티로폼이나 종이 색칠에는 스프레이 라커가 좋다. 예를 들어 바위를 만들려면 스티로폼에 은빛 라커를 사용하면 된다.

소품 제작을 지도 교사와 학생들이 함께하면 훨씬 교육적이다. 또한 학생들의 창의성을 자극시킬 수 있는 좋은 계기가 된다. 무엇보다 학생들이 스스로 만든 소품에 대해 애착을 가지게 되고 이는 소품을 소중히 다루는 효과로 이어진다.

공연장을 잡아 독자적으로 공연하는 경우는 다양한 소품을 사용해 공연할 수 있지만 학예회나 지역 축제처럼 다양한 공연단이 공연하는 무대는 공연 분위기가 번잡하고 소품을 관리하기 힘들기 때문에 되도록 소품을 줄여서 준비하는 것이 좋다.

순간의 재치, 애드리브

학교 뮤지컬에 있어 애드리브는 매우 중요하다. 학생 대부분이 무대 위에서 공연을 해본 경험이 없기 때문에 긴장한 학생이 공연 도중에 대사를 잊어버리는 등의 돌발적인 상황이 생긴다. 그때 즉흥적으로 생각나는 대사를 말하면서 극의 흐름이 중단될 위기를 모면하게 되는 것이다.

애드리브를 위한 특별한 연습은 없다. 재치가 있어야 하고, 대본을 완벽하게 이해해야 하며, 무엇보다 연기하는 인물의 심리를 완벽하게 소화하고 있어야 가능하다.

애드리브에 대한 기억이 하나 있다. 극중 생일을 맞은 4학년 학생이 6학년 학생에게 다가와 "오늘 내 생일이라 우리 집에서 잔치를 하는데 와줄 수 있니?"라고 대사를 말하게 약속되어 있었다. 그런데 4학년 학생은 첫 무대라 그런지 가만히 있기만 했다. 잠시 침묵이 흐르고 관객이 '뭔가 잘못된 건가?'라고 느낄 즈음에 상대역인 6학년 학생이 "아! 생각났다. 오늘 네 생일이라 나한테 뜸 들이는 거구나?"라고 애드리브로 대사를 쳤다. 상대역 학생의 재치에 안정을 찾은 4학년 학생은 자연스럽게 다음 대사를 시작했고, 무사히 극을 마칠 수 있었다. 3장에서도 강조했지만 연습 중 대사를 틀리면 끊기보다는 애드리브로 대처할 수 있는 훈련을 하는 게 실제 공연에서 실수를 줄일 수 있는 하나의 방법이라 할 수 있다.

다른 시각으로 애드리브는 학생들의 아이디어 창고이기도 하다. 간혹 기발한 애드리브로 그 장면은 물론 극 전체를 재미있게 할 수도 있다. 지도 교사가 연습 중 학생들의 애드리브에 항상 귀를 기울여야 하는 이유이기도 하다.

공연장 섭외하기

뮤지컬을 처음 제작하면서 어떤 규모의 공연을 하느냐에 따라서 뮤지컬의 내용이 크게 달라지게 된다. 학교 현장에서 올릴 수 있는 공연장은 작게는 교실에서부터 크게는 700석이 넘는 대형 공연장까지 천차만별이다. 공연장에 관한 계획은 처음부터 세워야 하며 큰 공연장은 서둘러 예약해야 한다. 이 책에서 필자는 공연 막바지에 고려해야 될 사항으로 이야기하고 있지만 외부 공연을 비롯한 대외적인 공연은 최대한 일찍 정해야 한다.

① 학교 외 장소에서 연습하기

공연장 섭외에 앞서 학생들이 공연을 앞두고 학교에서의 연습 시간이 항상 부족하기 때문에 집에서 연습할 때가 있을 것이다. 대사 연습은 주로 가족이나 친구에게 부탁하곤 하는데, 상대역의 대사를 읽어주면 학생이 자신의 캐릭터에 맞게 연기한다.

거울을 보면서 하는 것도 효과적이다. 어색한 연기는 거울로 봐도 티가 나기 때문에 금방 고칠 수 있다. 디지털 카메라로 자신의 표정 중 슬픔과 기쁨 등을 표현하는 모습을 사진으로 촬영해서 보는 것도 좋은 방법이다. 학생 스스로가 볼 때 아니다 싶은 표정은 수정하고 또 연습하는 것이 효과적이다.

② 다목적실, 체험형 교실(음악실, 영어실, 무용실, 뮤지컬실 등)

교실보다 약간 넓은 공간으로 학교 사정에 따라 다르겠지만 적은 관객 앞에서 예산 부담 없이 학생들이 공연할 수 있는 공간이다. 그러나 음향과 조명에 한계가 있기 때문에 수준 높은 공연을 하기에는 어려운 환경이다.

③ 체육관, 강당(소강당)

공연 날짜를 학교 행사와 겹치지 않게 쓸 수 있는 공간이다. 체육관은 넓은 공간이고 소리가 분산되기 때문에 핀마이크를 쓰거나 발성을 크게 하는 방법밖에는 없다. 대부분의 학교가 시설이 열악하기 때문에 조명은 기대하기가 힘들다. 음향 시설은 따로 있으므로 유용하게 사용할 수 있다.

④ 소극장

지역마다 문화예술 단체를 위해 운영하는 100~200석 규모의 소공연장이 있다. 소극장은 극단의 정기 발표회나 시상식을 할 때 쓰

소극장은 관객들에게 대사 전달이 잘 되는 장점이 있다

이는데 학교 뮤지컬을 공연하기에도 알맞은 장소이다. 소극장의 장
점은 핀마이크가 없어도 뮤지컬 공연이 가능하다는 것이다. 이러한
소극장은 각 지역 문화회관이나 복지회관, 관공서 등에 있다. 요즘

에는 청소년 전용 소극장이 지역마다 개설되고 있다. 여건이 되는
가까운 공연장에 전화해서 한두 달 전부터 미리 스케줄을 잡아야
한다.

⑤ 대공연장

500석 이상의 규모로 대부분이 자체적으로 핀마이크를 갖추고
있다. 조명, 음향, 무대 등 모든 스태프를 가동해야 하고 공연 전 반
드시 리허설을 해야 하는 무대이다. 때문에 많은 준비가 필요하지
만 제대로 된 공연을 할 수 있는 공간이다.

매년 연말이 되면 공연장은 대관 신청을 받는다. 연말을 놓쳤다
고 해도 공연장이 비어 있는 일정을 찾아 공연하는 방법도 있다. 인

대극장 공연에서는 핀마이크, 조명, 음향 등을 특히 신경 써야 한다

구가 많은 지역은 대공연장 잡기가 힘들기 때문에 서둘러 계획을 세워 대관을 예약해야 한다. 공연장의 역사가 깊고 주로 상업적인 공연을 하는 곳에서는 학교 단위의 공연을 거절할 수도 있다. 따라서 대관료가 저렴하고 공익적인 목적의 공연이 많이 이뤄지는 공립 공연장에서 공연하는 것이 좋다.

대공연장은 관객석이 많기 때문에 홍보가 필요하다. 공립 공연장은 학교 단위에서 공연할 경우 지자체에서 대관료를 무료로 지원하거나 50퍼센트 감면해서 대관해주기도 하다.

음향 체크하기

음향♪은 연극, 영화, 방송 등에서 여러 가지 소리를 내어 극의 실감을 돋우는 것을 말한다.♪♪ 음향을 적절히 사용하는 것은 관객에게 극의 흥미를 불러일으키는 데 큰 효과가 있다. 음향은 크게 배경음악과 효과음으로 나눈다. 배경 음악은 말 그대로 무대의 배경이 되는 음악으로 극적인 장면에 많이 쓰인다. 효과음은 대사로는 표현할 수 없는 효과에 필요한 음이다. 예를 들면 유리창이 깨지는 소리나 구둣발 소리, 함성 소리 등이 효과음에 속한다.

① 배경 음악

뮤지컬 배경 음악의 역할은 영화나 드라마의 배경 음악과 같다. 관객과 배우로 하여금 극의 분위기를 연출이 원하는 대로 유도하는 효과가 있다. 관객이 어느 장면에서 슬픔을 느낀다면 음악 없이도 앞뒤의 극적 상황에서 충분히 느낄 것이다. 여기에 슬픈 음악을 배

………………………………
♪ '음향'은 배경 음악과 효과음, 더불어 음향 기기나 운영 인력까지 포괄하는 용어이다. 이 책에서는 음향의 의미를 배경 음악과 효과음에 대해서만 말하고자 한다.
♪♪ 두산대백과사전 발췌

음향은 주로 노트북으로 이뤄지며 교사나 훈련된 학생이 조정하는 것이 좋다

경 음악으로 쓴다면 그 효과는 더 배가 된다.

배경 음악을 지나치게 사용하는 것은 배우의 연기를 회석시키는 부작용이 있기 때문에 되도록 절제해야 하며 사용할 경우에는 타당성을 깊이 고려해야 한다. 배경 음악으로는 대중가요보다는 연주곡이나 흘러간 팝송이 좋다. 게임 음악도 꽤 유용한데 게임 분위기를 음악으로 나타내기 위해 만든 곡이기 때문에 어린이 뮤지컬 음향으로는 제격이다.

② 효과음

배우의 대사로 표현할 수 없는 소리는 효과음으로 표현한다. 바람 소리, 창문 깨지는 소리, 경기장 함성 소리, 전화벨 소리 등 수많은 효과음이 있다. 직접 녹음하는 것이 좋지만 번거롭기도 하고 웬만한 녹음 기기가 아니고서는 음질이 좋지 않다. 인터넷을 검색해서 효과음을 찾는 것이 좋은 방법이다. 사이트에 따라 음원에 요금을 부과하기도 한다.

③ 막과 막 사이 암전

장면의 전환을 위해 막과 막 사이에 조명을 완전히 암전(조명을 끔)해야 하는데 이때 관객은 불안감을 느낀다. 무대 위에서 소품을 교체하는 경우에는 발소리가 들리기도 하는데, 이때 극에 알맞은 음악을 깔면 관객에게 안정감을 주고 배우들에게는 다음 막의 공연을 준비할 시간을 벌어준다.

④ 관객 입장 시와 커튼콜에서의 음악

공연 직전 관객이 입장할 때 음악을 틀어주어 분위기가 어색하지 않게 한다. 평소 지도 교사가 좋아하는 음악이나 대중가요를 틀어주자. 관객 입장 시간을 10~15분 정도로 예상하면 세 곡 정도 준비하는 것이 좋다.

커튼콜은 공연이 다 끝나고 모든 배우가 나와 인사하는 시간을 말하는데, 배경 음악은 주로 경쾌한 곡을 사용한다.

⑤ 뮤지컬 연주곡(MR)

뮤지컬에서 노래는 중요한 비중을 차지하기 때문에 연주곡은 타이밍
이 중요하다. 연주곡이 흐르는 부분에서 음향 담당이 타이밍을 잘 잡기
위해서는 배우들의 연습 시간에 함께 참여해서 타이밍을 익혀야 한다.

⑥ 무선 핀마이크

핀마이크♪는 뮤지컬에서 매우 중요한 공연 요소이다. 특히나 발
성 훈련이 쉽지 않은 교육 뮤지컬에서는 소극장 공연에서도 핀마이
크를 활용해야 될 때가 있다. 소리의 공간감이나 배우의 감정 표현

소극장에서 핀마이크를 차고 공연하는 학생들

....
♪ 무선 마이크로폰, 무선 와이어리스라고도 불리며 이 책에서는 핀마이크로 지칭하기로 하겠다.
핀마이크를 사용하는 것이 움직임에 편하기 때문에 방송이나 공연에서는 이 핀마이크를 사용하는
빈도가 높다.

을 방해하고, 음향 사고 위험성이 높다는 등의 단점이 있지만, 무엇보다 중요한 것이 대사 전달이므로 연출가(지도 교사)나 제작자(운영 교사)는 공연장의 규모와 예산 범위를 따져보고 핀마이크의 사용 여부를 과감히 결정해야 한다.

핀마이크를 사용할 경우에는 핀마이크와 음향 콘솔만을 다루는 음향 오퍼레이터를 섭외하는 것이 우선이다. 공연 내용을 잘 알고 있는 담당 교사가 핀마이크를 직접 운용하는 것도 좋지만 담당 교사는 사회나 연출가, 무대 감독 등의 역할을 수행해야 한다. 음향에 대한 지식이 부족할 경우 음향 사고가 났을 때에 재빠르게 대처하기 어려우므로 공연 중 핀마이크에만 집중할 오퍼레이터와 무대 대기 공간에서 핀마이크 착용을 도울 인원을 두어야 음향 사고 발생 가능성을 낮출 수 있다.

핀마이크에 운영 인력을 확보했다면 연출가나 조연출은 음향 스태프와의 음향 기기(유선 마이크, 무선 핀마이크, 무선 핸드마이크, 키보드 등의 악기 연주를 위한 별도 라인, CD나 노트북 등의 음향 재생 기기 등) 운영에 대한 사전 조율이 필요하다.

특히 무선 핀마이크를 활용할 때에 주의해야 할 사항이 많다. 모든 핀마이크에 번호와 배역을 정해야 하며, 장별 핀마이크 활용 번호(배역)도 체크하는 것이 좋다. 권장하지는 않지만, 만약 모든 핀마이크를 공연 중에 항상 켜두어야 할 경우라면 배우나 대기실 스태프로 하여금 핀마이크 전원을 켠 뒤에는 반드시 아무런 소음이 발생하지 않도록 주의시켜야 한다.

핀마이크 교체는 최소화하고, 교체해야 할 경우에는 착용 인원의 등장 시점을 고려해 부여하는 것이 중요하다. 예를 들어 2장을 마치고 퇴장한 배우와 3장 첫 장면에서 등장하는 배우에게 같은 핀마이크를 부여하고 잠깐의 암막 시간 동안 교체하도록 한다면 음향 사고가 날 가능성이 높아진다.

핀마이크는 주파수를 조절해 신호를 송·수신하는 기기이므로 주파수 간섭을 일으킬 만한 주변 기기는 통제하는 것이 좋다. 또한 건전지는 리허설을 마친 후 본 공연 전에 새것으로 교체하는 것이 좋다.

핀마이크를 사용하면서 자주 일어나는 사고는 다음과 같다.

첫번째는 배우가 마이크를 켜지 않고 배역을 수행하는 경우이다. 이럴 때는 상대 배역이 신호를 줘서 배우가 직접 켜야 한다. 이런 사고를 예방하기 위해서는 무대 대기실에서 핀마이크 상태를 항상 체크하는 스태프를 두거나, 배우가 핀마이크를 직접 켜는 경우에는 연습 간에 핀마이크를 켜는 훈련이 지속적으로 필요하다.

두 번째는 배터리가 문제를 일으키는 경우이다. 핀마이크를 장시간 사용하거나 배터리 자체가 오래되어 작동하지 않거나 갑작스럽게 작동이 멈추는 사고를 말한다. 이때는 배터리를 교체하는 것 외엔 방법이 없기에 해당 배우는 장면이 전환될 때까지는 어쩔 수 없이 연기를 이어가야 한다. 때문에 중요한 공연을 앞두고서는 핀마이크 배터리를 반드시 체크해야 하며 가급적 새 배터리로 교체하는 것이 좋다.

세 번째는 핀마이크나 수신기에 문제가 생겨 작동하지 않는 경우이다.

네 번째는 핀마이크 숫자가 많을 때 주파수가 겹쳐 무선 주파수 간섭♪이 일어나 작동하지 않는 경우이다. 세 번째와 네 번째 사고를 방지하기 위해서 미리 핀마이크 수신기를 설치해 핀마이크 작동을 점검하고 주파수를 조정해야 한다.

다섯 번째는 핀마이크가 스피커에 다가갈 경우 하울링♪♪이 발생할 수 있다. 하울링은 스피커에서 멀어지면 자연스럽게 해결되지만 큰 하울링 소리로 인해 작품의 흐름이 깨지기 때문에 배우들에게 주의를 당부하거나 스피커 자체를 배우의 행동선이 닿지 않는 곳으로 배치하는 방법이 있다.

....
♪ 각종 전자장 방사에 의하여 라디오, 텔레비전 및 전자 장치 등이 적절히 작동하지 못하도록 간섭받는 현상. 주로 불필요한 전자장 에너지의 방사에 의해 발생한다. 부적절하게 여파(餘波)된 아마추어 무선 송신기나 전기 히터 및 특정한 의료 장비에서 발생되는 전자장(電磁場)의 영향이나, 장비로 인입되는 전력선이나 기타 도선(導線)을 통해서도 무선 주파수 간섭이 발생한다. (《국방과학기술용어사전》, 국방기술품질원, 2011)
♪♪ 확성 장치의 스피커와 마이크로폰이 접근하여 배치되어 있을 때 스피커에서 '삐' 하는 소리를 발하는 현상. 이것은 스피커의 음이 마이크로폰에 들어가 증폭되어서 다시 스피커를 통해 나오는 식으로 정궤환의 루프가 형성됨으로써 발진 상태가 되기 때문에 일어나는 것으로, 전화기에서도 수화기에서 나온 음이 송화기에 들어가서 이러한 현상을 일으키는 일이 있다. (《전기용어사전》, 김동희 외 일진사, 2011)

핀마이크 사고가 발생했을 경우에는 배우 역할을 하는 학생들이 당황하기 때문에 이에 대한 훈련과 약속이 필요하다. 단순한 실수는 복구가 가능하지만, 만약 마이크와 배터리 자체에 문제가 생겨 복구가 불가능할 경우에는 배우의 목소리를 높이거나 다른 배우의 마이크에 가까이 다가가 연기하는 약속을 미리 해야 한다. 핀마이크 사고는 오랫동안 그날의 무대를 위해 연습한 학생에게 큰 상처를 주기 때문에 공연 전 꼭 점검해서 사고를 미연에 방지해야 한다.

핀마이크는 전 세계적으로 표준화되어 있기 때문에 연출자가 핀마이크 수신기를 설치할 수도 있고 작동법을 제대로 알고 있으면 음향 시설이 있는 공연장 어디에서나 공연이 가능하다. 오른쪽 페이지의 표는 필자가 공연 전에 음향 스태프에게 전달하는 마이크 활용 계획이다.

상단의 번호는 마이크의 번호로서 '1번 무선 핀마이크', '2번 무선 핀마이크', '무선 핸드마이크' 등을 말한다. 구체적으로 살펴보면 1번 무선 마이크를 '심바' 역할을 맡은 학생이 착용하고 1장에서 5장까지 모든 장면에 등장한다. 4번 마이크는 1장에서는 '날라 엄마' 역을 맡은 학생이, 3장에서는 '하이에나 6'을 맡은 학생이 사용하되, 마이크를 교체하는 위치는 무대 하수(관객석에서 무대를 봤을 때 오른쪽)라는 뜻이다. 마이크 교체 위치는 되도록 한곳에서 하는 것이 스태프의 수를 최소화하는 방법이다.

[표 1] 마이크 착용 및 운영 계획

마이크 번호													
	1	2	3	4	5	6	7	8	9	10	11	12	핸드1
배역	심바	날라	심바엄마	날라엄마, 하이에나 6	얼룩말1, 티몬	코끼리1, 품바	하이에나 킹	하이에나 1	하이에나 2	하이에나 3	하이에나 4	선생님, 하이에나 5	동물들
1장	심바	날라	심바엄마	날라엄마								선생님	
2장	심바	날라			얼룩말1	코끼리1							
3장	심바	날라		하이에나 6			하이에나 킹	하이에나 1	하이에나 2	하이에나 3	하이에나 4	하이에나 5	
4장	심바	날라			티몬	품바							
5장	심바												동물들
교체 위치				하수	하수	하수						하수	

〈교실 라이온 킹〉- 충렬초등학교

　무선 핀마이크 대수가 제한된 상황에서 짧은 시간 동안 여러 역할의 목소리를 표현하고 싶을 때는 핸드마이크를 노출하여 표현하기도 하는데, 5장에서는 동물들이 한 명씩 자신의 꿈을 이야기하고 다음 동물에게 마이크를 넘기는 방식으로 연출했다.

조명 체크하기

뮤지컬에서 조명은 단지 무대를 밝혀주는 기능을 떠나서 작품의 장면 또는 전체적인 분위기를 만드는 기능을 한다. 조명은 배우와 소품, 뒷배경을 한층 더 빛내주며, 연기자의 심리 또한 두드러지게 나타내는 기능을 한다. 조명은 전문적인 기술을 요구하기 때문에, 공연할 장소에서 연습을 해야 하며, 조명 조작을 평소에 연습해 두지 않은 이상 교육 뮤지컬에서 학생이 조명 스태프로 참여하기란 매우 어렵다. 처음 공연을 올리는 지도 교사 역시 조명 사용법에 관한 설명을 듣고 익혀야 한다. 조명을 다룰 줄 아는 사람이나 담당 기사에게 부탁하는 것도 좋은 방법이다.

조명은 공연장에서 리허설을 할 때 중점적으로 맞춰봐야 한다. 일반적인 조명 사용은 각 조명 스위치 밑부분에 종이테이프를 붙여 번호를 부여한다. 대본의 각 부분에 조명 번호를 기록해 조명을 켜는 타이밍을 놓치지 않게 한다. 보통은 테크 리허설 전에 조명 메모리 작업을 거쳐야 하므로 조명 메모리할 시간을 안배해두는 것이 중요하다.

조명은 극에서 매우 중요한 요소이다

조명 기기의 설치가 완료되었을 경우, 조명 메모리 시간은 작품 내용과 공연 시간에 따라 다르겠지만 짧게는 1시간에서 길게는 4~5시간이 걸릴 것을 염두에 두자. 단, 연출가 단독으로 정하지 말고 조명 감독과 협의를 거쳐야 한다. 조명팀은 조명 메모리 이후에 연출가의 요구 사항을 반영해 조명의 위치나 각도 등의 세부 사항을 조정할 시간이 필요하므로 되도록 조명 메모리는 공연일 전에 실시하는 것이 좋다.

① 전체 조명

말 그대로 무대 전체를 밝게 해주는 조명이다. 일반적인 극 진행에서 쓰인다. 거의 대부분의 조명이 동원된다.

② 부분 조명

부분적인 공간을 비추는 조명이다. 부분을 부각시키거나 장소가 변했을 경우 쓴다. 일반적인 공연에서 부분 조명은 크게 관객 입장에서 무대를 바라볼 때 왼쪽인 상수, 중간 부분인 중수(센터), 오른쪽 부분인 하수, 이렇게 세 부분으로 나눈다. 극의 진행상 필요한 부분에 부분 조명을 배치한다.

③ 팔로우 조명♪

조명 기기를 쉽게 움직일 수 있기 때문에 한 인물에 집중할 때 효과적이다. 하지만 이 조명만을 조정하는 스태프가 따로 있어야 하기 때문에 비용이 추가로 발생한다.

....

♪ 일반적으로 핀 조명이라고도 하지만 배우 바로 위에서 비추는 조명을 핀 조명으로 부르는 경우도 있기 때문에 정확한 용어인 팔로우 조명 용어를 썼다.

④ 할로겐

전체적으로 조명의 밝기가 조정이 되는 조명이다. 주로 장면을 전환할 때 사용하며 학교 여건상 조명 사정이 열악한 경우에는 할로겐 조명 하나만 설치해도 큰 효과를 볼 수 있다.

⑤ 사이키

한순간에 켜졌다, 꺼졌다를 반복하기 때문에 배우의 움직임을 사진처럼 잡아주는 효과가 있다. 시간이 빠르게 흐르는 장면이나 격렬한 댄스 장면에서 유용하나, 너무 오랜 시간 동안 과하게 사용할 경우 작품에 대한 집중도를 분산시키고 분위기를 산만하게 만들 수 있다.

⑥ 색 조명

작품의 분위기를 구현하기 위해서는 색 조명을 쓸 수 있다. 주로 파란색, 빨간색, 녹색 등 특정 장면에서 무대 배경을 지원하거나 분위기를 구현하는 용도로 쓰인다.

⑦ 암전

암전은 단순히 조명을 끄는 것이지만 암전에도 기술이 필요하다. 배우들의 연기에 맞춰 적절한 타이밍에 컷 아웃을 할 수도 있고, 여운을 남기며 페이드 아웃을 할 수도 있다. 상황에 따라 암전 속도를 맞추는 기술이 필요하다.

⑧ 조명 스태프가 체크할 사항♪

- 전체 조명을 쓸 것인가, 부분 조명을 쓸 것인가?

- 작품 전체에 대한 분위기 및 독특한 아이디어는 없는가?

- 장면별로 무대 미술 및 의상에 대해 어떤 컬러의 조명을 쓸 것인가?

- 장면별로 조도♪♪는 얼마나 할 것인가?

- 어떤 특정한 부분을 두드러지게 보일 것인가?

- 연기 공간을 어떻게 조명으로 구분할 것인가?

....
♪ 차태호, 《뮤지컬 연출》, 엠애드, 2006, 111쪽
♪♪ 광원과 광선의 양

무대 구성 체크하기

    무대 구성은 지도 교사의 생각에 따라 결정되며 어떻게 해야 하는지에 대한 정답은 없다. 지도 교사와 학생들이 다양하게 아이디어를 활용할 수 있는 것이 바로 무대 구성이다.

    관객은 무대를 보면서 극의 내용과 분위기를 파악할 수 있어야 한다. 예를 들면 자막 없는 외국 영화를 볼 때, 말은 못 알아들으면서 대강 인물들의 관계나 이야기 전개를 짐작할 수 있는 것은 바로 화면 속에 무대 배경이 있기 때문이다.

    뮤지컬은 표현할 수 있는 무대 배경이 한정되어 있기 때문에 지도 교사는 무대 구성을 고민해야 한다. 학교 현장에서는 전문 뮤지컬 공연을 보고 무대를 구성할 때 참고하는 것도 좋은 방법이다.

    그렇다면 무대를 만들 때 고려할 사항은 무엇일까?

    무대는 크게 앞부분과 뒷부분으로 나눈다. 관객석과 가까운 앞부분은 주로 배우의 연기가 펼쳐지므로 소품과 무대 배경 그림을 설치하지 않는 것이 좋다. 무대 뒷부분은 전체적인 분위기를 나타낼 수 있는 배경 그림과 소품을 배치한다. ' 작품의 전체적인 분위기를 무대에 구현해야 하며 공연의 특성상 한 장소보다는 여러 장소를 구현해야 하기 때문에 하나의 무대를 분할해서 사용해야 한다.

뮤지컬의 특성상 표현할 수 있는 무대 분위기는 한정되어 있기 때문에 무대는 극의 전체를 표현할 수 있는 중요한 장면 위주로 꾸며야 한다. 비중이 떨어지는 장면은 무대 앞부분만 조명을 비춰 배우에게만 집중시켜야 한다. 또한 배우의 행동선과 군무 및 앙상블에 충분한 공간이 확보될 수 있도록 무대를 구성해야 한다.

연주팀과 협연하는 뮤지컬의 경우 공연장에 따라 무대 앞의 오케스트라 피트에 연주팀을 배치하기도 하지만, 학교에서는 보통 연주팀도 노출하기 위해 무대 뒤편에 단을 높여 배치하는 것이 일반적이다.

♪ 차태호, 《뮤지컬 연출》, 엠애드, 2006, 109쪽

뮤지컬 홍보 활동하기

공연일이 다가오면 필요한 것이 바로 홍보이다. 지도 교사와 학생들이 열심히 준비했는데 관객석이 썰렁하면 학생들이 상처를 받을 수 있기 때문이다. 홍보는 관객을 모으기 위한 작업이다. 다양한 사람에게 홍보함으로써 동아리 활동을 널리 알리는 효과도 있다.

관객이 많을수록 동아리 학생들은 공연에 대한 희열을 느끼고 그동안 고생해서 연습한 것을 보상받는다. 적은 관객은 학생들에게 상실감을 줄 수도 있다. 그렇기에 지도 교사는 학교 실정에 맞게 홍보 활동을 해야 한다.

학교 단위에서 홍보할 수 있는 유형은 다음과 같다.

① 포스터

포스터는 게시판이나 사람들이 많이 다니는 곳에 붙여 공연 정보를 제공하는 목적으로 제작한다. 팸플릿은 관람객에게 공연 내용과 배우를 소개하는 정보를 담는다. 인쇄 업체에 제작을 의뢰하면 멋들어지게 만들어주지만 비용이 많이 든다.

지도 교사와 학생들이 간소하게나마 직접 제작해보는 방법도 있다. 포스터는 간단한 공연 정보가 담겨 있어야 하며 글씨도 큼지막해야 한다. 지도 교사와 선생님들, 그리고 학생들이 다양한 아이디어를 내며 포스터를 제작하는 일은 교육적 효과가 크다. 포스터에 들어가야 할 내용은 다음과 같다.

전체적으로 작품의 내용과 분위기를 추측할 수 있는 사진이나 그림이 들어가야 한다. 직접 포스터를 제작한다면 간단한 그림을 넣는 게 효과적이다. 제목은 포스터의 가장 중요한 부분으로 윗부분이나 중간에 가장 눈에 잘 띄게 표기하자. 가로로 표기할 경우 윗부분, 세로로 표기할 경우 사이드에 글자를 배치하는 것이 좋다. 아래 부분에는 따로 빈 칸을 두어 공연에 대한 구체적인 정보를 넣는다. 공연 주체, 날짜 및 시간, 장소, 후원 단체 등을 표기한다.

2~4절지로 포스터를 직접 제작한다면, 같은 크기의 두꺼운 종이에 칼로 글씨를 판다. 완성된 두꺼운 종이에 2~4절지를 대고 라커(색 스프레이)를 뿌리면 여러 번 인쇄할 수 있다.

② 팸플릿

팸플릿은 공연 정보와 설명을 위한 소책자인데 카탈로그라고도 부른다. 팸플릿은 꼭 필요한 것은 아니지만 제작해두면 초대장으로 유용하게 쓸 수 있고 관객에게 공연을 이해시키는 데 도움이 된다.

무엇보다 지도 교사와 학생들이 평생 기념으로 간직할 수 있다. 포스터처럼 인쇄 업체에 의뢰하는 것이 편하지만 비용이 많이 들므로 예산이 없을 때에는 한글 워드로도 간단하게 제작할 수 있다.

팸플릿 제작 역시 지도 교사가 뮤지컬부를 꾸리는 여건과 학생 수에 따라 다르고, 무엇보다 다양한 아이디어가 필요하다. 팸플릿을 손수 만들어 학교 복사기와 등사기로 인쇄하면 그럴듯한 팸플릿이 나온다. 학교 현장에서 팸플릿을 제작하는 방법은 아래와 같다.

◆ 팸플릿 형식

4페이지, 6페이지, 8페이지 형식이 있다. 보통 4페이지와 8페이지 형식을 많이 쓴다. 4페이지는 8절지를 인쇄한 후 반으로 접어서 만들며, 6페이지는 8절지에 인쇄한 후 짧은 쪽으로 3등분해서 접어서 만든다. 8페이지는 8절지 두 장을 속지와 겉지를 구분해서 인쇄한 후 반으로 접어서 속지를 겉지 안에 넣어서 만든다.

◆ 팸플릿 제작 전 필요한 내용

1. 사진 : 지도 교사, 교장 선생님, 배우, 스태프, 도움을 주신 분 사진 (증명사진 크기), 활동 스냅 사진
2. 글 : 교장 선생님 말씀, 선생님의 소감, 작품의 줄거리, 배우의 소감, 기타 팸플릿에 들어갈 내용

◆ 팸플릿 구성

▷ 4페이지 기준

· 1페이지 : 전체적인 공연 정보와 작품에 알맞은 그림

· 2페이지 : 교장 선생님의 모시는 말씀과 연출(선생님)의 소감 및 줄거리

· 3~4페이지 : 배우와 스태프 소개 및 소감

▷ 8페이지 기준

· 1페이지 : 전체적인 공연 정보와 작품에 알맞은 그림

· 2페이지 : 교장 선생님의 모시는 말씀과 학교 소개, 여백이 있으면 사진을 넣는다.

· 3페이지 : 선생님이 쓴 연출의 변을 집어넣고 작품 제작 과정을 쓴다.

· 4~5페이지 : 줄거리와 배우 소개(사진)

· 6~7페이지 : 배우와 스태프의 소감 - 연극(뮤지컬)을 하면서 배우고 느낀 소감

· 8페이지 : 도와주신 분이나 단체, 앞 페이지에서 부족한 부분을 적는다. 더 쓸 내용이 없을 경우 그림이나 사진을 넣는다.

③ 홍보 방법

- **가정통신문** : 학교 구성원은 물론 학부모에게도 알리는 효과가 있다. 학교장의 승인을 얻고 가정통신문을 작성해 전교생에게 배부한다.

- **공문 발송** : 교육청에 '공연 안내 요청' 공문을 발송해 교육청 산하 다

른 학교에 공연을 홍보하는 방법이다. 정식 공문인 만큼 가정통신문보다는 내용이 간결해야 한다. '공연 안내 요청'의 제목으로 작성하면 된다.

- **포스터** : 사람들의 통행량이 많은 곳에는 포스터가 효과적이다. 꼭 인쇄된 포스터만 붙일 수 있는 게 아니다. 학생들과 함께 2절지나 전지로 포스터를 직접 만들어 붙일 수도 있다. 공공기관의 게시판에 붙이는 것이 좋지만 사람이 많이 다니는 목 좋은 벽에다 붙이는 경우 미리 건물 관리자에게 양해를 구해야 한다.

- **플래카드** : 비용을 좀 더 들이는 경우는 플래카드가 효과적이다. 학교 정문이나 공연장에 부착한다. 공연의 규모가 크거나 학교 공식 행사로 공연할 경우에 활용하면 좋다.

- **초대장** : 지인들이나 각 학교에 초대장을 보낸다. 초대장을 보내면서 포스터나 팸플릿을 함께 동봉하는 것이 좋다.

- **지역 사회 홈페이지** : 학교, 시·군·구청, 교육청 등 공공기관의 홈페이지는 지역 소식에 관심이 있는 많은 사람이 찾는다. 지역 홈페이지 홍보는 너무 긴 글보다는 간결하게 소개하는 것이 좋다. 교육청으로 보내는 '공연 안내 요청'이 적당한 양식이다.

- **언론** : 가장 효과적이지만 가장 어려운 방법 중 하나이다. 언론사에 보도 자료를 넣으면 때때로 취재를 나온다.

- **SNS** : 페이스북이나 밴드, 카카오톡 등 SNS를 통한 홍보 활동도 효과적이다. 이 경우 지도 교사, 학생 등 동아리 구성원 모두가 자발적으로 홍보할 수 있도록 한다. 공연 정보를 간결하게 알 수 있는 예시문을 구성원들에게 제공해 각자의 계정에 홍보할 수 있도록 하면 효과적이다.

리허설하기

리허설에는 배우의 연기를 최소화하고 조명이나 음향, 무대 도구 등을 점검하는 '테크 리허설', 조명이나 음향 등의 기기는 최소화하거나 제외하고 배우의 동선과 연기에 집중하는 '드라이 리허설', 분장과 의상을 갖추고 진행하는 '드레스 리허설', 실제 공연과 같이 컷 없이 진행하는 '런 쓰루 리허설' 등이 있다.

리허설의 종류 구분은 곧 대관 시간에 따른 대관비, 조명이나 음향 업체 콜 시간에 따른 비용 등과 연결되기 때문에 담당자나 지도 교사가 알아둘 필요가 있다.

리허설은 배우는 물론 스태프까지 하나 되어 연습하는 시간이다. 리허설을 하기에 가장 이상적인 장소는 공연을 할 무대지만 대공연장과 같이 무대 스케줄을 잡기 힘든 경우는 비슷한 환경에서 하는 것이 바람직하다.

적어도 공연하기 일주일 전부터는 총연습 겸 리허설을 해야 하는데 이때 모든 스태프를 갖추는 것은 무리이다. 처음에는 배우의 연기와 소품, 음향이 갖춰진 상태에서만 연습한다. 다음 연습에는 조

리허설 때에는 아이들의 연기 이외에도 체크해야 할 것들이 많다

명이 추가되고, 그다음 연습에는 의상을 완전히 갖춘 상태에서 연습하는 식으로 차차 총연습의 완성도를 높이자.

분장은 최종 단계인 드레스 리허설에 투입된다. 리허설은 학생들로 하여금 극장 환경, 무대 조건, 그리고 무대 장치와 공연 도구 및 소품의 사용에 적응하도록 한다.

지도 교사는 총연습을 지켜보면서 공연에 문제가 없는지 점검해야 한다. 보통 연습 때와는 달리 리허설을 하다 보면 학생들의 연기나 스태프에 대해 수정할 것들이 많이 보일 것이다. 문제가 있다고 판단되면 망설이지 말고 즉각 시정한다. 간단한 지시만으로 해결되는 문제도 있지만 때로는 행동선을 수정해야 할 경우도 생긴다.

스태프 쪽은 장치의 수정이 필요한 경우도 있을 것이고, 대·소도구의 위치 변경이나 재료 수정이 필요한 경우도 있다. 물론 이 모든 것을 지도 교사 혼자 판단하는 것은 아니다. 학생들과 함께 대화하면서 수정해야 하고, 스태프인 조명, 음향 담당은 교사의 생각대로 정확하게 실행될 수 있도록 반복해 연습해야 한다. 공연이 얼마 안 남은 만큼 큰 틀을 고치는 것은 불가능하지만 리허설 과정에서도 꼭 필요한 약간의 수정은 가능하다.

리허설은 지도 교사는 물론 배우와 모든 스태프가 함께해야 하며, 이를 통해 그동안에 미처 발견하지 못한 부분들을 확인하고 점검해야 한다.

리허설에서 체크해야 할 사항은 다음과 같다.

① 학생들의 컨디션 확인

최종적인 단계에 이르면 학생들은 정신적으로나 육체적으로 많이 지쳤을 것이다. 또한 공연 직전 학생들은 극도의 긴장 상태가 되기 때문에 큰 실수를 하거나 사고가 날 수도 있다. 지도 교사는 학생들에게 계속 동기 부여를 하면서도 긴장하지 않고 즐거운 분위기가 될 수 있도록 이끌어야 한다.

② 기술적인 측면

장면별로 조명과 음향, 의상, 효과, 소품, 장치 등이 어떻게 유기적으로 전환되는지 확인한다. 무대의 전환 시간과 그 공백을 메우기 위한 음악, 음향 효과음에 대한 점검과 배우가 의상을 바꿔 입는 시간 등을 체크하자. 교사는 물론 배우와 스태프의 협의로 가장 매끄럽게 공연이 진행될 수 있도록 준비해야 한다.

③ 배우 연기 점검

지도 교사는 배우가 내적 감정의 흐름을 유지하고 발전시킬 수 있도록 도와주어야 한다. 배우 자신들은 첫 등장에서 퇴장까지 자신의 연기를 확인한다.

④ 총연습을 통한 불필요한 장면 제거

연습 기간 중 장면과 캐릭터에 대한 즉흥적이고 새로운 아이디어를 학생들과 함께 실험하고 준비했을 것이다. 그때 만든 많은 아이디어 중에서 가장 효과적이고 합리적인 아이디어를 확정할 시기이다.

회의를 통해 최종 점검과 함께 불필요한 요소를 체크한다

⑤ 총연습을 통한 안전사고에 대한 점검

무대에서는 공연 도중에 여러 가지 사고가 일어날 수 있다. 사고를 방지하기 위해서는 무대에서의 안전 수칙을 준수해야 한다.

안전사고는 조명이 꺼지는 암전 시에 일어나기 쉬우므로 무대 전환을 점검하자. 암전 시에는 배우들의 이동이 거의 불가능하다. 이때 야광 테이프(스티커)를 미리 붙여놓으면 암전 상태에서 배우들이 움직이기 수월할 것이다.

⑥ 최종 리허설

연습의 마지막 날은 최종 리허설을 해야 한다. 모든 순서와 조건을 실제 공연과 같이 해놓고 연습한다. 리허설을 함으로써 실제 공연에서의 착오를 막을 수 있고 진행도 매끄럽게 익힐 수 있다. ♪ 주로 리허설은 스태프 부분에서 이루어진다. 배우 역을 맡은 학생들은 이미 많은 연습을 통해서 수정하고 익혔지만 스태프 역할을 하는 학생들은 연습이 부족하기 때문이다.

스태프 부분별로 리허설이 끝나면 실제 공연과 똑같이 종합 리허설을 해야 한다. 리허설은 정식 공연이 아니기 때문에 관객을 입장시키지 않는다. 지도 교사를 도와주는 분들만 모시고 리허설을 실시한다. 공연 기록 사진은 리허설 때 찍는 것이 좋다. 공연 중에 찍으면 배우들의 주의를 흐트러뜨리게 되고 관객들이 자유롭게 관람하는 데 방해가 되기 때문이다.

⑦ 조명, 음향의 테크니컬 리허설

스태프 중에서도 조명과 음향은 작품의 시각적인 면과 청각적인 면을 책임지는 가장 중요한 요소이다. 지도 교사는 테크니컬 리허설을 통해 연기자들이 조명과 음향에 친근해질 수 있도록 리허설을 해야 한다.

스태프 리허설은 배우들을 제외한 스태프들로만 이루어지는 조명과 음향의 리허설로 지도 교사가 조명, 음향 스태프와 함께 작품

....
♪ 차태호, 《뮤지컬 연출》, 엠애드, 2006, 181쪽

에 쓰이는 조명과 음향을 점검해야 한다. 또한 배우와 스태프는 조명, 음향 간의 약속을 맞춰야 한다. 다시 말하면 대사와 노래, 행동선에 맞게 타이밍을 맞춰 조명과 음향을 조작할 수 있게 해 극의 흐름을 매끄럽게 만드는 것을 최종 연습한다. 만약 핀마이크를 음향이 조절하는 경우에는 핀마이크 활용과 운용(핀마이크 교체)에 주안점을 두어야 한다.

다시금 강조하지만 조명이 꺼지고 암전되면 자칫 안전사고의 위험이 있다. 그렇기 때문에 배우들이 암전이 되었을 때 사물을 식별할 수 있도록 대략 5~10퍼센트 정도의 약간의 빛은 남겨놓거나 미리 어두운 색을 입힌 조명을 암전 시에 사용하는 방법도 있다. 또한 새로 등장하는 배우들이 다음 장면을 위한 자리를 잡을 수 있도록 소품이나 구역별로 야광 스티커를 미리 붙여놓으면 암전 상태에서 배우들에게 큰 도움이 된다.

⑧ 최종 리허설과 커튼콜(무대 인사) 연습

기술적인 연습이 끝나면 공연과 똑같은 조건으로 마지막 총연습을 진행한다. 지도 교사와 학생들에게는 긴장감이 감돌고 있을 것이다. 긴장감과 부담이 클수록 지도 교사는 의연해져야 한다. 지도 교사는 극의 진행을 맡게 된 배우들과 각각의 스태프에게 각자의 임무와 역할을 확실히 주지시키자. 혹시 벌어질 수 있는 안전사고

학생들은 커튼콜에서 성취감을 느낀다

에 대해서도 반드시 학생들에게 인식시켜야 한다.

커튼콜은 일반적으로 공연 이틀 전에 지도 교사가 학생들의 아이디어로 연습시킨다. 커튼콜은 공연이 끝나고 관객에게 마지막 인사를 하는 과정으로 배우들에게는 마무리를 잘 지을 수 있는 중요한 순서이다.

커튼콜은 작품의 흐름을 연장시키며 관객들의 박수와 참여를 유도할 수 있도록 만들면 된다. 가장 일반적인 커튼콜은 경쾌한 음악이 흐르는 가운데 배우, 스태프가 무대에 차례대로 나와 관객에게 인사하고 마지막에는 다 같이 손잡고 인사하며 막을 내리는 것이다.

D-day, 공연하기

학생들과 뮤지컬 공연을 준비하는 일은 즐겁기도 하지만 힘든 과정도 있다. 지난 수개월의 결과물을 올리는 공연 날은 지도 교사와 학생 모두 자신의 모든 역량을 불어넣는다.

① 공연 날 체크할 사항

- ☑ 학생들 컨디션은 괜찮은가?
- ☑ 음향, 조명, 소품, 의상은 모두 준비되었는가?
- ☑ 관객에 대한 안내는 어떻게 할 것인가?
- ☑ (분장을 할 경우) 분장은 제대로 되었는가?
- ☑ 관객 입장 곡과 퇴장 곡은 제대로 준비되었는가?
- ☑ 관객에게 팸플릿을 어떻게, 얼마나 나누어줄 것인가?
- ☑ 혹시나 있을 안전사고에는 대비되어 있는가?
- ☑ 배우와 스태프의 물과 간식은 준비되었는가?

아이들이 준비를 마치고 공연을 앞두고 있다

② 공연 날 진행 순서

- 학생들을 모아놓고 발성 연습을 한다. 발성 연습 후 무대에서 자유롭
  게 대사 연습을 하도록 한다. 이것은 학생들의 긴장을 풀어주는 효과
  가 있다.
- 지도 교사는 학생들을(배우, 스태프 모두) 한자리에 모아서 격려의 말을
  하고, 관객 입장 시간에 무대에 배우가 노출되지 않도록 주의를 준다.
- 배우는 관객들이 보이지 않는 무대 뒤편으로 퇴장하고, 스태프는 각자
  의 위치로 간다.
- 공연 10분 전에는 관객 입장 곡을 틀고 관객들을 입장시킨다. 관객은 앞
  자리부터 앉게 한다. 특별한 내빈이 오신 상황이라 하더라도 그 내빈을
  위한 발언 시간을 따로 갖는 것은 힘들다. 뮤지컬을 준비한 지도 교사와
  학생들에게는 물론 관객에게도 예의가 아니므로 지양해야 한다.

- 공연 전 관객에게 화장실을 미리 다녀오게 하고, 휴대폰은 반드시 끄도록 한다. 관객에게 카메라와 캠코더 사용 시 플래시를 터트리지 않도록 다시 주의를 준다. 학생 공연에서 대부분의 관객은 해당 학교의 학부모들과 학생들이다. 따라서 무조건적으로 촬영을 금지하는 것보다는 공연 영상이나 사진 촬영 기사를 미리 두어 차후에 학교 홈페이지나 유튜브 등을 통해 자료를 공유할 것을 공지하면 관객을 안심시킬 수 있다. 이때 촬영은 되도록 본 공연이 아닌 드레스 리허설을 활용하자. 위와 같은 사항을 지도 교사가 공연 전 직접 무대에 나가 관객에게 말하는 것이 좋다.
- 약속된 사인과 동시에 막을 올린다.
- 공연이 끝나면 미리 준비한 퇴장 곡을 틀며 관객이 질서 있게 퇴장할 수 있도록 안내한다.
- 다 함께 기념사진을 찍고 마지막으로 뒷정리를 한다.

[표 2] 주차별 연습 과정

차시별 교육 내용(각 차시당 두 시간)			
주차	세부 주제	수업 내용	수업 방법
1	동아리 모집	수업의 방향에 대한 설명과 자기소개	자기소개를 이미지화해 말하고 표현
2	발성 발음 연습	무대 공연에서의 기초가 되는 발성과 발음 연습	다양한 발성 방법과 발음표 활용
3	대본 제작	대본 제작 방침 설정	학생 토의 후 6학년 중심으로 작성
4	팀별 리딩	5개 팀으로 나누어 팀별 리딩을 하고 대본을 작성	팀별로 이야기 나누고 전체 발표
5			
6	대본 수정하기	전체적인 대본 수정	부족한 부분은 채워주고 공연에 맞게 수정
7	대본 리딩	역할을 정한 후 캐릭터 구축	학생의 의견과 개성을 반영해 캐릭터 구축하기
8	노래 연습	악보 보고 노래 익히기	줄거리와 메시지를 생각하며 가사와 멜로디 숙지하기
9	행동선 긋기	대본에 맞게 행동선 설정	팀별 줄거리를 행동으로 꾸며보기
10	전체 연습	작품 전체 연습	작품 전체를 끊지 않고 연습하기
11	장별 연습1	장별 세부 연습1 (대사 전달력에 집중)	장별로 대사, 동선, 노래 등을 세세히 잡아가며 연습하기. 수정 방향은 함께 토론하여 결정
12	장별 연습2	장별 세부 연습2 (노래에 집중)	
13	장별 연습3	장별 세부 연습3 (동선에 집중)	
14	장별 연습4	장별 세부 연습4 (배우 간 호흡에 집중)	
15	전체 연습	작품 전체 연습	끊지 않고 연습하기
16	간단하게 발표(독회)	작품 전체 리허설	중간 점검 후 함께 토의하기

17	노래 동작 만들기	뮤지컬 노래에 맞춰 동작 만들기 대본 행동선 연습도 아울러 병행	학생들 스스로 동작을 만들 수 있도록 유도
18			
19			
20	노래와 대본 접목하기	연습한 내용 접목하기	원작의 내용에 충실하게
21			
22	스태프 분야 작업하기	필요한 물품들을 만들거나 구입하기	음향 완성, 꾸밀 수 있는 소품, 의상 만들기
23	스태프 접목	스태프와 배우 간 호흡 맞추기	스태프 부분과 접목하기
24	리허설 1	전체의 조화를 위주로 연습	실제 무대와 비슷하게 꾸며 익숙해지기
25	부분 연습 위주	리허설 중 부족한 부분 연습	각 부분을 나눠 연습
26	리허설 2	반복 연습	부족한 부분 연습 (감정, 표현 등)
27	리허설 3		
28	총연습	실전처럼 준비해 연습	무대, 의상, 음향 등 실제처럼 총연습
29	발 표	발표하기	공연
30	평 가	공연 후의 느낌과 과정의 평가	이야기 나누기

교육 뮤지컬을 시작하려는
교사들에게

대중의 사랑을 받기 위해서 뮤지컬은 끊임없이 발전해왔다. 희곡을 해석하고 표현하는 연출가의 치밀하고 독창적인 연출력과 배우들의 뛰어난 표현력을 바탕으로 화려한 의상과 분장, 마법 같은 무대 장치와 미술, 음향과 조명 등 뮤지컬은 갈수록 세분화, 전문화, 대형화되고 있다. 하지만 대중의 사랑을 꾸준히 받기 위해서는 비용이 많이 드는 자본 의존적인 장르이므로 학교 교사나 예술 강사 개인이 접근하기가 쉽지 않다.

뮤지컬은 수많은 사람이 소통하고 갈등하며 문제를 해결하는 과정을 끊임없이 반복하는 고된 장르이다. 이러한 의사소통 과정의 경험이 많고 서로가 오랫동안 함께 호흡을 맞춰온 전문가 집단이라면 모르겠지만, 그렇지 않은 경우 큰 고통을 겪는다. 연출가와 희곡작가가 작품의 의도와 표현을 두고 겪는 갈등이나 배우 간에 호흡이 맞지 않아 생기는 갈등은 이미 오래전부터 흔한 일이다. 작곡가와 무용 감독 간에 곡의 템포를 두고 실랑이가 벌어지기도 하고, 배우와 분장팀, 미술 감독의 인물에 대한 해석의 차이로 리허설 단계에서 급히 수정해야 하는 상황도 벌어질 수 있다. 연출팀, 배우들, 조명팀, 음향팀, 미술팀, 제작팀, 홍보팀 등, 무대는 마치 세상의 축소판과 같이 복합적이고, 그 안에서 이루어지는 의사소통은 복잡하다.

자본 의존성과 의사소통의 복잡성은 뮤지컬이 교육에 접목되기 어려운 한계로 지적될 수도 있다. 하지만 뮤지컬 공연의 목적과 방향을 보다 '교육'에 맞춘다면 이야기가 달라질 가능성이 있다. 대중의 사랑을 받는 것이 아니라 아이들의 '성장'을 목표로 하고, 결과로 보이는 공연뿐만 아니라 창작과 연습 '과정'에 의미를 부여한다면, 뮤지컬이 교육 현장에서 교육의 수단과 방법으로 일반화될 가능성이 있다고 믿는다.

교육 뮤지컬에서 위와 같은 난관을 극복하는 열쇠는 바로 선생님이다. 선생님이 뮤지컬에 관심이 많은 학교의 교사이든, 어쩔 수 없이 학생 뮤지컬 업무를 맡은 담당자이든, 학교나 지역 사회, 극단에서 뮤지컬을 지도하는 예술 강사이든 상관없다. 뮤지컬이라는 방법으로 아이들과 만난다면 그 교육 현장에서는 교육 뮤지컬을 실천하는 선생님인 것이다.

예술교육을 직접 실천하거나 담당해 조율하는 바로 그 선생님들이 작품 창작을 즐기고, 구성원들과 주도적으로 의사소통하며, 학생들의 언어를 경청하면서 교육할 때 작품에 힘이 있고 과정이 교육적일 수 있다. 이는 교육 현장의 시스템과 구성원들이 그 중심축에 있는 선생님의 권한을 인정하고 적극적으로 지원하며 그 전문성과 독립성을 인정할 때 보다 쉽게 실현될 수 있다. 한마디로 교육 뮤지컬에서는 학생이나 예산, 작품뿐만 아니라 선생님이 매우 소중하고 중요한 존재다.

교육 뮤지컬을 하며 나 스스로와 동료에게 건넸던 말들을 독자 여러분께 드리며 이만 마치고자 한다.

"주변에서 당신에게 손가락질한다고 모두 자신의 탓으로 돌리지 마세요. 시스템의 문제일 수 있어요. 그 시스템에서 잠깐 나와서 관망하거나 시스템을 바꿔보세요. 누군가의 노력이 들어간 곳은 빛나게 되어 있습니다. 그렇지 않다면 이유가 있는 거예요.

주변에 사람이 없다고 외로워하지 마세요. 당신이 속한 조직이나 단체가 항상 옳은 것은 아니에요. 가끔은 혼자 있는 시간에 책 속의 작가들과 대화해보세요. 대부분의 위인들은 외톨이였어요. 그리고 또 다른 사람들을 만나보세요. 경청하고, 그곳에서 행복한 사람들을 따라해보세요. 말투, 표정, 행동까지.

일 늦게 한다고 자책하지 마세요. 당신이 무능력한 게 아니라 다른 사람보다 더 열정적인 겁니다. 우유부단하다 생각하지 마세요. 한 가지 일을 깊게 고민하고 본질을 파악하기 위해 노력하는 거예요.

당신은 일을 사랑하는 게 아니에요. 당신의 동료 선생님들과 아이들, 그 일을 미뤘을 때 고통스러워할 누군가를 사랑하고 배려하는 거예요. 오히려 당신은 사랑이 많은 따뜻한 사람이에요.

실수가 없다고 너무 부러워하지 마세요. 실수하지 않을 만큼만 했거나, 오랫동안 쌓아온 실패의 상처와 경험들이 차곡차곡 쌓여 그 사람을 만든 걸 거예요.

포장을 잘 못한다고 능력이 없는 게 아니에요. 포장하기 전에 포장할 내용물이 있는지 확인해보세요. 공모 사업은 도움이 필요하다는 외침이에요. 내가 하고자 하는 것이 도움이 필요한 곳에서 요구하는 취지에 맞는지 먼저 고민해주세요.

아이의 행동과 반응에는 반드시 이유가 있어요. 수정하려고 하기 전에 먼저 아이의 말을 경청하고 깊이 바라봐주세요."

김준성

박샘의 Episode

2004년 9월, 설레는 마음으로 양양초등학교로 발령을 받았다. 과연 어떤 아이들이 나와 추억을 공유하게 될까? 무척이나 떨렸다.

아이들과의 첫 만남은 길고도 긴 터널을 지나는 동안 희미하기만 했던 세상의 환한 빛을 처음 대하는 느낌이었다.

'드디어 아이들을 만나고 내가 선생님이 되는구나!'

아이들 역시 새로 만나게 될 선생님이 무척 궁금했던 모양이다.

"애들아! 안녕."

나의 첫인사에 5학년 아이들은 젊은 선생님이 오셨다며 환호를 보냈다. 나고 자란 곳이 서울인 나에게는 사계절 내내 형형색색의 얼굴로 지나는 길손의 시선을 붙드는 아름다운 설악산을 배경으로, 앞으로는 연어 회귀로 유명한 남대천이 유유히 흘러 푸르디푸른 동해와 만나는 양양초등학교는 아이들을 위한 행복한 선물이 널린 곳으로만 비쳐졌다.

그러나 얼마 지나지 않아 도시 아이들과 달리 자연을 벗 삼아 지내는 이곳 아이들이 행복하기만 한 것은 아니라는 것을 깨닫게 되었다. 30학급이라는 적지 않은 규모임에도 문화적으로는 여전히 지방의 소외당하는 소도시에 불과함을 알게 된 것이다.

'서울에서는 흔하디흔한 영화관 하나 없는 곳이니 아이들을 위한 공연이 거의 없다시피 한 이곳, 이곳에서 나는 아이들을 위해 무엇을 할 수 있을까?'

고민하던 중 대학 시절 연극 동아리에서 활동하던 경험을 되살려 수업에 연극을 적용해보기로 했다. 연극을 활용한 수업을 시작했을 때, 몇몇의 아이들은 주저했지만 처음 접해보는 활동이라 그런지 아이들의 호응은 대단했다. 몇 차례 수업에 연극을 도입하니 아이들도 나름대로 이력이 붙었는지 자신 있는 눈치였다.

두 달이 채 못 되었을 때 학교 예술제를 한다고 했다. 학교 내에서의 학예회이기는 하지만 지역 인사들까지 와서 관람하는 작은 지역 축제이기에 준비에 다소 신경이 쓰였다. 아이들의 모습을 제대로 자랑할 수 있는 모처럼의 기회였기에 이번에는 진짜 연극을 해보고 싶었다. 반 아이들 중 정말 연극을 하고 싶어 하는 아이들을 뽑아 연극 놀이와 연극의 기초를 지도한 후 15분짜리 연극 〈강아지 똥〉을 올렸다.

예술제가 끝난 후 공연을 한 아이들은 연극이 무척 재미있었고 좋은 경험이었다며 언제 또 연극을 하는지 계속 물어댔다. 그 과정에서 나는 아이들이 문화적으로 목말라 있다는 사실을 알 수 있었고, 아이들에게 연극이 그러한 문화 갈증을 풀어낼 하나의 탈출구가 될 수 있을 것 같았다.

첫 제자들과의 만남이 끝나고 이듬해 2005년, 6학년 아이들을 중심으로 연극부를 창단하기로 했다. 신규 발령을 받은 지 갓 6개월 지난 신참 교사가 연극부를 만들겠다고 했을 때 주변에는 말리는 이들이 많았다. 그러나 껄껄 웃으시며 한번 해보라는 교장 선생님의 격려에 힘입어 연극부를 창단했다. 누구도 시도하지 않았던 활동이기에 모든 것을 혼자서 만들어야 했다. 먼저 아이들에게 연극놀이로 연극에 친숙함을 주고, 기초부터 차근차근 훈련시켰다.

연극 부원을 뽑는 오디션을 보고 몇 주간은 그런대로 연습이 잘 되었다. 하지만 매일 반복되는 연습이 힘들었을까? 의지력이 없는 아이들이 이런저런 핑계를 대며 나가기 시작했다. 나가는 아이들 대부분은 부모님이 학원 시간과 겹친다는 이유로 연극부 활동을 반대했다.

"우리 아이는 독자라 딴따라 시키면 안 돼요."

기대가 컸기 때문일까? 수화기 너머로 들려오는 학부모의 음성이 매정하게 느껴졌다. 그렇지만 절망하지 않았다. 이미 연극부를 꾸리면서 극복해야 할 것으로 '예산', '아이들의 인식 부족', '지역 사회의 무관심' 등을 생각하고 있었던 터였다. 단지 '학부모 편견'이라는 항목이 추가되었을 뿐이라고 생각했다. 오히려 그럴수록 더욱 열심히 해 '연극이 이런 것입니다!'라는 것을 보여주고 싶었다. 끝까지 남아 있는 아이들과는 3개월 동안 더욱 열심히 매일 연습했다.

그 결과, 2005년 7월 19일 양양 문화복지회관에서 첫 공연을 할 수 있게 되었다. 전교생이 1,000명 정도 되니 2회로 나누어 대형 공연을 하는 것으로 1학기의 대미를 장식했다.

2학기가 되자 나와 아이들에게는 새로운 목표가 생겼다. 그것은 바로 '전국 어린이 연극 경연대회'였다. 11월에 열리는 전국 어린이 연극 경연대회를 통해 연극부 아이들에게 국립극장에서 공연하는 추억을 만들어주고 싶었다.

나와 아이들은 2학기 거의 전부를 투자하다시피 연습해서 예심을 통과했다. 그리고 드디어 11월 6일, 서울 국립극장 내 별오름극장에서 공연을 올렸다. 우리가 서울 국립극장에서 공연할 수 있게 되다니, 참으로 감격스러웠다. 그러나 그것은 방과 후 매일 두 시간씩 흘린 아이들의 땀방울이 만들어낸 당연한 결과였는지 모른다.

서울에서의 공연 이후 연극부 아이들에게는 많은 변화가 생겼다. 연극에 적극적이었던 아이들은 물론이고 처음 연극을 지도할 때 성격이 소심해서 무대에 제대로 설 수나 있을까 의심스러웠던 아이들도 어느새 활발한 성격으로 바뀌어 있었다. 또한 연극 연습이 학습에 방해되지는 않을까 내심 조바심을 냈지만, 놀랍게도 아이들의 학업 성취 능력은 모두 향상되어 있었다.

'연극하면 성적이 떨어진다.'

대부분의 사람들이 갖는 이런 편견을 아이들 스스로 극복하고 싶었던 것일까? 연극 활동을 하면서 얻은 자신감이 학습에도 시너지 효과로 작용한 것일까? 아무튼 내게는 고마운 일이었다.

2006년에 5학년 담임을 맡게 되자 또다시 엉뚱한 생각이 들었다. 좀 더 스케일이 큰 공연을 하면 좋지 않을까? 그리고 이왕이면 아무도 시도하지 않았던 장르를 하면 좋지 않을까? 이런 나의 생각은 '뮤지컬 도전'이라는 무지막지한 결론으로 내달리고 있었다.

뮤지컬은 당시 문화예술계에서는 붐이라고 불릴 정도로 활성화되고 있었다. 또한 연극과는 달리 뮤지컬은 무용, 노래, 미술 등이 추가되는 종합 예술이라는 점에 매력을 느꼈다. 그러나 막상 "뮤지컬을 하자!"라고 쉽사리 아이들에게 이야기하기는 어려웠다.

뮤지컬은 배우와 스태프가 수십 명에 이르는 공연이다. 혼자서 만들기는 벅찬 과정이며 주변에서 도움을 얻기도 힘들다는 사실을 알고 있었기 때문이다. 이런저런 고민을 거듭한 끝에 일단 해보는 쪽으로 결론을 내렸다.

설사 생각만큼의 수준 있는 공연이 되지 않는다 해도 아이들이 무대 위에서 많은 사람 앞에 선다는 것 자체가 커다란 자신감을 갖는 계기가 될 것이었다. 뮤지컬을 준비하는 과정에서 얻는 경험과 추억 역시 아이들의 소중한 꿈으로 승화될 것이라고 생각했다.

크게 2년을 바라보고, 그해는 5학년 아이들을 주로 훈련시키는 기간으로 정해서 쉬운 뮤지컬 공연을 올리고, 이듬해인 2007년에는 아이들의 이야기를 담은 창작 뮤지컬을 제작하기로 계획을 세웠다.

대본은 개인적으로 초등학교 5학년 때 감동 깊게 보았던 〈올리버 트위스트〉로 골랐다. 물론 '초등학생이 뮤지컬을 할 수 있을까?' 하는 의구심이 머릿속을 떠나지 않았지만 한번 아이들의 잠재력을 믿어보기로 했다.

뮤지컬은 연극보다 더 많은 스태프와 노력이 필요한 분야이다. 연극, 노래, 안무를 하다 보면 손이 많이 가기 마련인데, 다른 선생님에게 부탁하기가 힘들어 스태프 역할을 아이들에게 맡겨야 했다. 힘들었는지 7월 공연을 얼마 안 남기고 주연을 맡은 세 명이 연극부를 나갔다. 어쩔 수 없이 공연을 9월로 연기해야 했다. 이때가 학교에서 연극부를 맡고 가장 힘든 시기였다.

'내가 왜 사서 고생을 할까?'

가끔은 이런 생각이 들 때도 있었다. 그럴 때마다 나보다 더 열정적으로 연습하는 아이들의 모습은 번번이 나를 일으켜 세웠고 다시 열정의 불을 붙일 수 있도록 해주었다.

많은 어려움이 있었지만 결국 9월에 뮤지컬 〈올리버 트위스트〉를 무대에 올릴 수 있었다. 공연이 무사히 끝나자 기쁨보다는 '이제는 정말 하지 말아야지' 하는 생각이 들었다. 그만큼 힘이 들었던 한 해였다.

그러나 2007년이 되자 자연스레 더 큰 도전을 하고 싶어졌다. 다른 사람의 작품을 그대로 따라 했던 것에서 벗어나 학교에서 일어나는 아이들의 이야기를 창작 뮤지컬로 올려보고 싶어진 것이다. 결심은 끝났지만 처음부터 뮤지컬 공연은 난관에 봉착했다. 무엇보다 초등학교에서 그러한 뮤지컬을 올린 사례가 전무하다는 것이었다.

수많은 고민을 하며 방법을 찾았지만 해결 방안은 쉽게 나오지 않았다. 매주 서울에 올라가 뮤지컬을 보면서 공연을 구상했지만 아이디어는 쉬이 떠오르지 않았다. 그러다 만난 것이 뮤지컬 〈아이 러브유〉였다. 남녀 간의 사랑을 옴니버스 형식으로 올린 흥행 뮤지컬을 보는 순간 내 입에서는 "바로 저거면 되겠구나!" 하는 탄성이 나왔다. 이 뮤지컬 형식으로 아이들의 이야기를 꾸미면 제격이겠다는 생각이 든 것이다.

학교로 돌아와 5~6학년 300명에게 설문지를 돌려 초등학교에 다니면서 기뻤던 일과 슬펐던 일을 하나씩 적어보라고 했다. 생각보다 많은 소재가 나왔다. 아이들과 함께 대본을 만들었고, 다음은 노래 가사를 붙이는 작업을 했다. 처음에는 어렵다고 생각했지만 주제를 정해 아이들과 수다를 떨듯이 이야기를 하다 보니 어느 정도 스토리가 완성되었다. 뮤지컬 〈추억을 아삭아삭〉은 나와 아이들의 열정 속에 그렇게 태어났다.

3월, 새 학기가 시작되고 본격적인 연습에 들어갔다. 대본 다듬기, 연주, 안무, 신입 부원 기초 훈련, 이렇게 네 파트로 나눴는데 나 혼자 감당하기는 불가능한 작업이었다. 결국 잘하는 아이들에게 한 파트씩 운영을 맡기고 난 파트를 돌아다니며 종합적으로 점검했다. 실제 뮤지컬은 스태프가 수십 명이나 되는데 이 모든 것을 혼자 구상하기는 쉬운 일이 아니다. 또 학교 지원을 얻을 수도 없어 직접 발로 뛰어다니며 예산을 마련해야 했다.

공연에 대한 모든 것을 혼자 생각해야 했고, 생각한 부분들은 아이들에게 맡겨졌다. 스태프 분야에서 모르는 것이 있으면 전문가에게 메일을 보내서 자문을 받고, 아이들과 함께 전문 극단처럼 스태프 활동을 구상했다. 모든 것을 새로 개척해야 하는 힘든 과정이었지만 나와 아이들은 우리의 활동이 모두 '최초'라는 사실에 자부심을 갖고 임했다. 그래도 가끔씩은 그만하고 싶다는 아이들이 생겼다. 그런 날 밤이면 어김없이 '내가 왜 이 짓을 할까?' 하는 생각이 들었다. 하지만 나만의 뮤지컬 극단을 가졌고, 나만 믿고 바라보는 아이들이 있다는 행복한 기분으로 버틸 수 있었다.

7월 24~25일, 1학기 내내 연습한 창작 뮤지컬 〈추억을 아삭아삭〉을 양양 문화복지회관 무대에 올렸다. 공연이 시작되기 전 내 가슴은 이전 공연을 할 때보다 몇 배로 두근거렸다.

'혹시 실수하지 않을까?'

'아니야, 잘할 거야.'

나보다 더 떨리는 마음으로 무대에 선 아이들의 공연은 대성공이었다. 이게 정말 초등학생이 공연하는 뮤지컬이 맞는지 스스로 의심할 정도로 완성도가 높았다. 아이들이 힘들어할까 봐 뮤지컬 노래를 몇 개 빼려고 할 때마다 아이들은 말했었다.

"선생님, 우리 수준을 낮게 보시나요? 더 연습하면 되니까 그것도 해요."

집에서건, 학교에서건 틈만 나면 연습했던 아이들, 내가 출장을 가는 날이면 서로가 도와가며 스스로 연습하던 아이들. 그런 아이들이 펼쳐내는 노래와 춤사위의 시작을 나는 하염없이 바라보기만 했다.

막이 오르면 내가 배우들에게 지시할 수 있는 건 아무것도 없다. 아이들은 자신이 맡은 역할에 최선을 다할 것이고, 나는 그저 뒤에서 빙그레 웃으며 지켜보기만 하면 된다. 배우와 단절된 그 시간의 뿌듯함과 기쁨을 누가 알 수 있을까? 비록 실수하는 부분이 있을지라도 최선을 다해 연기하며, 무대에 섰다는 것만으로도 평생 잊을 수 없는 추억을 스스로 만들어가는 아이들을 제자로 둔 교사의 마음을 말이다.

창작 뮤지컬을 지도하는 동안 내겐 자연스레 꿈이 하나 생겼다. 그것은 다름 아니라 교육 뮤지컬에 조그마한 보탬이라도 되는 것이다. 뮤지컬은 아이들에게 할 수 있다는 자신감과 꿈을 심어주는 교육적인 활동이다. 이런 활동을 자연스레 교실 속에 녹아들게 한다면 많은 아이가 혜택을 볼 것이라는 확신이 든 것이다. 뮤지컬에 관심이 있는 선생님들로 하여금 지난 3년 동안 뮤지컬 활동을 하면서 내가 겪은 시행착오를 겪지 않고 뮤지컬을 쉽게 만들 수 있도록 도움을 주는 매뉴얼을 만드는 것이 나의 꿈이 되었다.

그러한 꿈을 갖게 되니 다시 마음이 바빠졌다. 교육 뮤지컬에 대한 깊은 이해와 경험 축적을 위해선 뮤지컬 관련 대학원 이수가 필요할 것 같았다. 그래서 정든 양양을 떠나 원주의 우산초등학교로 옮기게 됐다.

2008년 12월 중순, 6학년 아이들과 만든 뮤지컬 〈우리 사이 짱이야!〉를 인동예술극장의 무대에 올렸다. 반 아이들 모두가 뮤지컬에 참여했으며 새로 발령받은 학교에서 공연을 올렸다는 것에 뿌듯함을 느꼈다.

공연을 마치고 방학이 다가올 때쯤 강원연극협회에서 연락이 왔다. 〈우리 사이 짱이야!〉를 공연할 때 예총 관계자들이 공연을 지켜봤다면서 다음 해에 열리는 '인도 국제 어린이 연극제'에 출품해보는 건 어떤지 물어왔다.

"정말 인도에서 공연할 수 있는 건가요? 그럼 내년에는 국제 대회에 맞게 공연을 꾸려보도록 하겠습니다."

해외에서 공연한다는 사실이 기뻤고, 앞으로 뮤지컬을 함께할 단체를 찾았다는 것 역시 믿기지 않았다. 2009년 신종플루의 영향으로 제13회 인도 국제 어린이 연극제 개최가 불투명했지만 결국 11월 14~18일, 제13회 인도 국제 어린이 연극제에 참가할 수 있었다. 우리나라 초등학교 사상 처음으로 해외에서 뮤지컬 공연을 한 순간이었다. 또한 이 해에는 APEC 국제교육협력단에서 활동할 교사 모집 공고에 합격해 초등학생 뮤지컬을 국제 교류 차원에서 활용할 수 있게 되었다.

2010년은 뮤지컬을 통한 국제 교류에 힘썼다. 그 결과 APEC 차원에서 한국-태국 국제교육협력 프로젝트를 성사시켰다. 뮤지컬은 우리나라 전통문화를 보여줄 수 있는 〈콩쥐팥쥐〉로 정해 연습했으며 8월 14~18일까지 뮤지컬부 학생들과 함께 태국에서 뮤지컬을 비롯한 교류 활동을 하고 돌아왔다.

2012년에는 학교를 옮기면서 이미 한중우호교류협의회와 한중수교 20주년을 맞이해 학생들의 중국 교류에 대한 사업을 구성하고, 9월에는 중국 북경에 소재한 십찰해스포츠학교(北京市什刹海体育运动学校)에서 공연을 했다.

2013년부터는 교육부에서 '학생 뮤지컬' 사업이 시작되었다. 학생 뮤지컬 사업은 전국의 130개 학교를 지정해 3년간 매해 3,000만 원씩(나중에는 축소되지만) 뮤지컬 교육을 적용시키는 사업이다. 그동안 뮤지컬 교육을 실시해 논문으로 남긴 교사는 전국에서도 나밖에 없었다. 전국의 많은 학교에서 연락이 와 컨설팅해주고 자료를 제공했으며, 때로는 교사 연수를 진행했다.

필리핀에서 APEC 미래교육컨퍼런스가 열리는 동안 현지 학교와 상대국 전래동화를 교환해 뮤지컬을 제작해 공연하는 'Educal Project'를 시도해보았다. 우리는 필리핀 전래동화인 〈Bahay Kubo(오두막)〉를 공연했으며, 필리핀 측은 〈콩쥐팥쥐〉를 참가국 교육 관계자와 교사를 대상으로 공연했다. 공연이 끝나는 순간 한국, 필리핀 학생들은 물론 자원봉사자들이 어울려 환호하며 사진을 찍었다.

2014년은 학생 뮤지컬 사업을 이어가면서 강원연극협회와 2011

년에 이루지 못한 일본 공연을 위해 협력하고 준비했지만 모두의 가슴에 아픔으로 남을 세월호 사건으로 학교에서의 거의 모든 활동이 중지되었다. 해외 교류는 물론 국내 공연조차도 여의치 않았다.

이제 원주에서의 근무 기간이 만기가 차고 평창으로 내신을 냈을 때 진부초등학교에서 연락이 왔다. 진부초등학교가 2013년 학생 뮤지컬 학교로 지정되었는데 와서 활동을 해달라는 것이다. 원주에서 출퇴근하기는 멀지만 뮤지컬을 할 수 있다는 것만으로도 감사한 일이었다.

진부초등학교로 부임하고 나서 국제 교류를 하는 것이 여의치 않아졌다. APEC 국제교육협력원도 교육부 지침으로 국내 학교의 해외 교류는 하지 않는다고 했다. 이제 교류 활동은 막히는 것인가 싶었다.

하지만 기회는 나를 부른 진부초등학교에 있었다. 진부초등학교는 2014년 9월 유네스코 협력학교에 가입했지만 별다른 활동은 하지 않고 있었다. 유네스코 한국위원회 역시 국제 교류보다는 지속 가능 발전교육과 모금 활동에 주력하고 있었다.

유네스코 한국위원회에 전화를 걸어 협력학교 담당 선생님과 연락했다.

"서로의 전래동화를 바꿔서 뮤지컬로 공연하면 진정한 유네스코 차원의 교류가 되지 않을까요?"

"글쎄요? 저희가 시도한 적은 없어서. 예산은 많이 드나요?"

"예산 걱정은 하지 마세요. 저희가 다 마련해놨고, 교류 대상 국가와 학교만 연결시켜주시면 됩니다."

"좋은 취지네요. 알겠습니다. 그럼 지난번 교류했던 영상을 저희에게 보내주세요."

유네스코 한국위원회에 2013년 필리핀 공연 자료와 기획서 메일로 보내주니 다시 연락이 왔다.

"유네스코 한국위원회 차원에서도 괜찮은 시도라고 봅니다. 어느 국가와 교류하고 싶으신가요?"

"일본이나 말레이시아 아니면 태국이 좋지 않을까요?"

"선생님, 저희는 유럽까지도 연결되니 시도해보는 건 어떨까요?"

유럽? 맞다. 그동안 아시아 국가와 교류만 해도 감지덕지라 유럽은 언젠가 갈 것이라는 버킷리스트로만 아스라이 남겨두었는데 마침 현실로 다가왔다.

유네스코 한국위원회는 유럽은 프랑스, 스위스, 독일에 기획서를 보냈고, 프랑스에서 가장 먼저 응답이 왔다.

"선생님, 프랑스에서 교류 의향이 들어왔네요. 축하드려요. 그런

데 시골 학교인데 괜찮은가요? 파리 쪽이 좋지 않아요?"

"파리보다는 시골 학교가 좋아요. 진부 역시 시골이잖아요."

이렇게 시작된 유네스코 네트워크를 활용한 국제 교류 활동은 2015년 11월 프랑스 BROU에서 프랑스 측은 한국의 전래동화인 〈흥부놀부〉를 그림자극으로, 〈콩쥐팥쥐〉를 뮤지컬로 꾸며 공연했으며, 한국 측은 프랑스 전래동화인 〈잠자는 숲속의 공주〉를 뮤지컬로 공연하며 결실을 맺었다. 교류 마지막 날인 11월 14일에 파리에서 테러가 나서 혼란스럽기는 했지만 금새 극복하고 2016년 교류 활동으로 이어졌다. 2017년에는 외교부에서 지원을 받아 학교 현장에서 문화예술교육을 개척하는 교사들과 함께 프랑스 교류 활동을 하며 국제교류 활동 노하우를 나누고 있다.

오늘도 나는 아직은 생소한 뮤지컬을 초등학생들의 문화예술 교육으로 활성화시키기 위한 방법을 찾고 있다. 동시에 뮤지컬을 학생들 간의 국제 교류의 수단으로 더욱 발전시켜 궁극적으로 'EDUCAL(Education+Musical)'이라는 영역을 탄생시키기 위해 매일매일 아이들과 새로운 시도를 하고 있다. 이렇듯 무언가 목표를 정하여 나아가는 나의 삶은 앞으로도 쭉 이어질 것이다. 그러기에 나의 꿈 또한 언제나 현재진행형이다.

김샘의 Episode

통영에 첫 발령을 받은 이후 반 아이들과 함께 학예회를 하거나 연극제를 위한 연극교육을 했었고, 평소에는 학급 경영이나 교과교육에 교육연극 기법을 적용하는 즐거움으로 살았다.

여느 때와 같이 학교 학예회 공연을 준비하던 중에 교육이 아닌 자기만족을 위해 땀을 흘리며 연습하는 아이들을 닦달하는 나 자신과 만나게 되었다. '과연 내가 하던 것이 교육이었을까?'라며 스스로에게 질문을 거듭하던 중에 학생 뮤지컬 사업으로 뮤지컬을 만나게 되었고, 초·중·고등학생을 아우르는 지역 연합의 꿈틀꿈틀통영청소년뮤지컬단 기획과 연출로 일하게 되었다.

지금은 경남에 교사 뮤지컬단이 생겨 활발히 운영되고 있지만, 당시에는 교사 뮤지컬단이나 뮤지컬 관련 연구회가 없었다. 더불어 중소도시인 통영은 평생교육에 대한 접근성도 많이 떨어지는 편이었다. 하지만 뮤지컬은 처음이었고, 아이들 앞에 서는 것이 부끄러웠기에 관련된 것은 눈에 불을 켜고 찾아다녔다. 다른 지역에 있는 대학에서 세 시간씩 운전을 해가며 성악 레슨을 받기도 했고, 지역 극단의 단원이 되어 프로들과 함께 무대에 서보는 경험도 했다. 경남아카펠라교육연구회의 팀원들과 함께 노래교육을 연구하고 아카펠라 공연으로 무대에 서는 행복도 누렸다.

통영에서 교육 뮤지컬 연수를 만들고 연수 강사를 섭외하기 위해 서울, 부산 등지의 극단이나 대학에 무작정 찾아가기도 했다. 그만큼 '뮤지컬', '뮤지컬 교육' 쪽은 인적 네트워크가 전혀 없었으니 몸이 고생했다. 배움에 대한 갈증이 채워지지 않아 대학원에 진학해야겠다는 생각도 했다. 이후 부산교대 공연예술교육과에 진학했고, 부산, 울산, 경남 지역 공연예술계에 종사하는 동료들과 함께 공연예술교육에 대해 깊이 고민해보게 되었다.

그사이 뮤지컬단은 배우반, 창작반 포함 50여 명의 학생들과 그에 준하는 운영진의 규모를 갖추게 되었고, 정기 공연이나 갈라쇼 등을 포함해서 1년에 평균 10여 회의 공연을 하게 되었다. 경남 교육청과 교육부에서도 우수 사례로 알려져 매년 전국 단위 교육 박람회나 예술교육 페스티벌의 지역 대표로 선정되어 공연을 하고 있고, 당시의 운영진들은 지역에서 강사가 되어 경험을 나누기도 했다.

이 과정에서 학교가 가지는 여러 가지 한계를 극복하고 이를 보완하고자 '사회적협동조합'이라는 법인을 생각했고, 초기에 함께 꿈을 꾼 지역 예술가, 동료 교사, 지역 사회 인사들이 뭉쳐 'K뮤지컬사회적협동조합'을 창설하기도 했다.

여러 해가 지나 다시 나에게 물어본다.

내가 하던 것이 교육이었나?

내가 하려는 것은 교육인가?

나는 누구를 바라보고 있는가?

아직 끊임없이 자문하고 반성하며 고민해야 하는 경력과 나이이
다. 하지만 공부를 하면 할수록 힘을 더 빼야겠다는 다짐을 하게 된다.

내 안에, 나의 교실 안에 내가 미리 설정해놓은 목표와 행동 지침
들, 내가 만든 이야기로만 가득 채우고 아이들에게 따르기를 강요
해왔던 초임 시절, 교사인 나 자신과 더불어 아이들도 힘들기만 했
던 그때에는 만나지 못하고, 듣지 못했던 아이들의 이야기를 이제
야 조금씩 접하고 있다.

뮤지컬은 학급에서 교사인 나의 힘을 빼고 아이들과 함께 즐겁게
성장하도록 도와준 매우 훌륭한 도구이다. 뮤지컬을 통해 아이들과
함께 삶을 노래할 수 있었고, 지역의 동료들과 함께 마음껏 꿈꾸며
땀흘리는 행복을 느낄 수 있었다. 앞으로의 교직 생활과 그 너머에
서까지 이와 같은 즐거움과 행복으로 이웃들과 함께 삶을 노래하고
싶다.